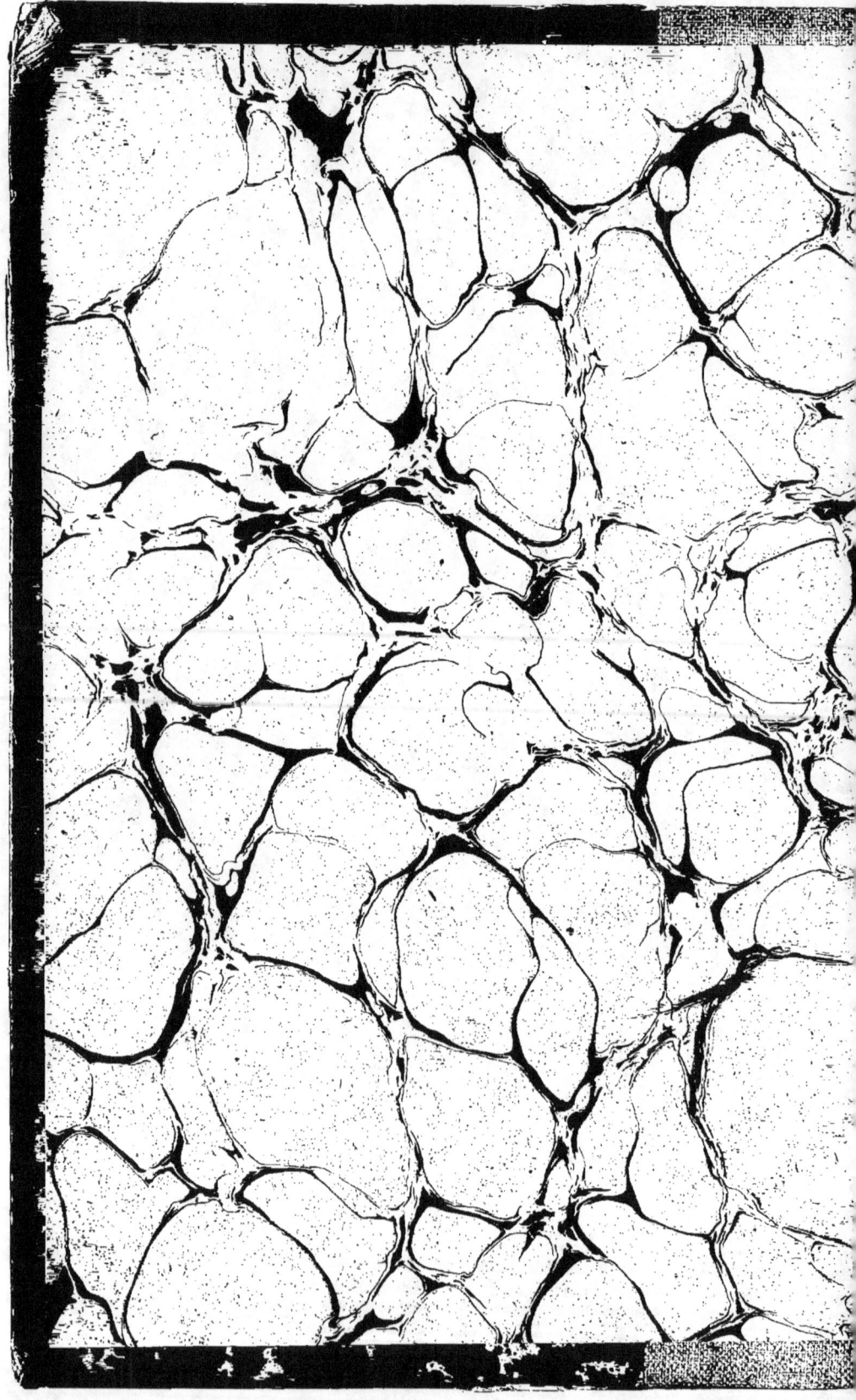

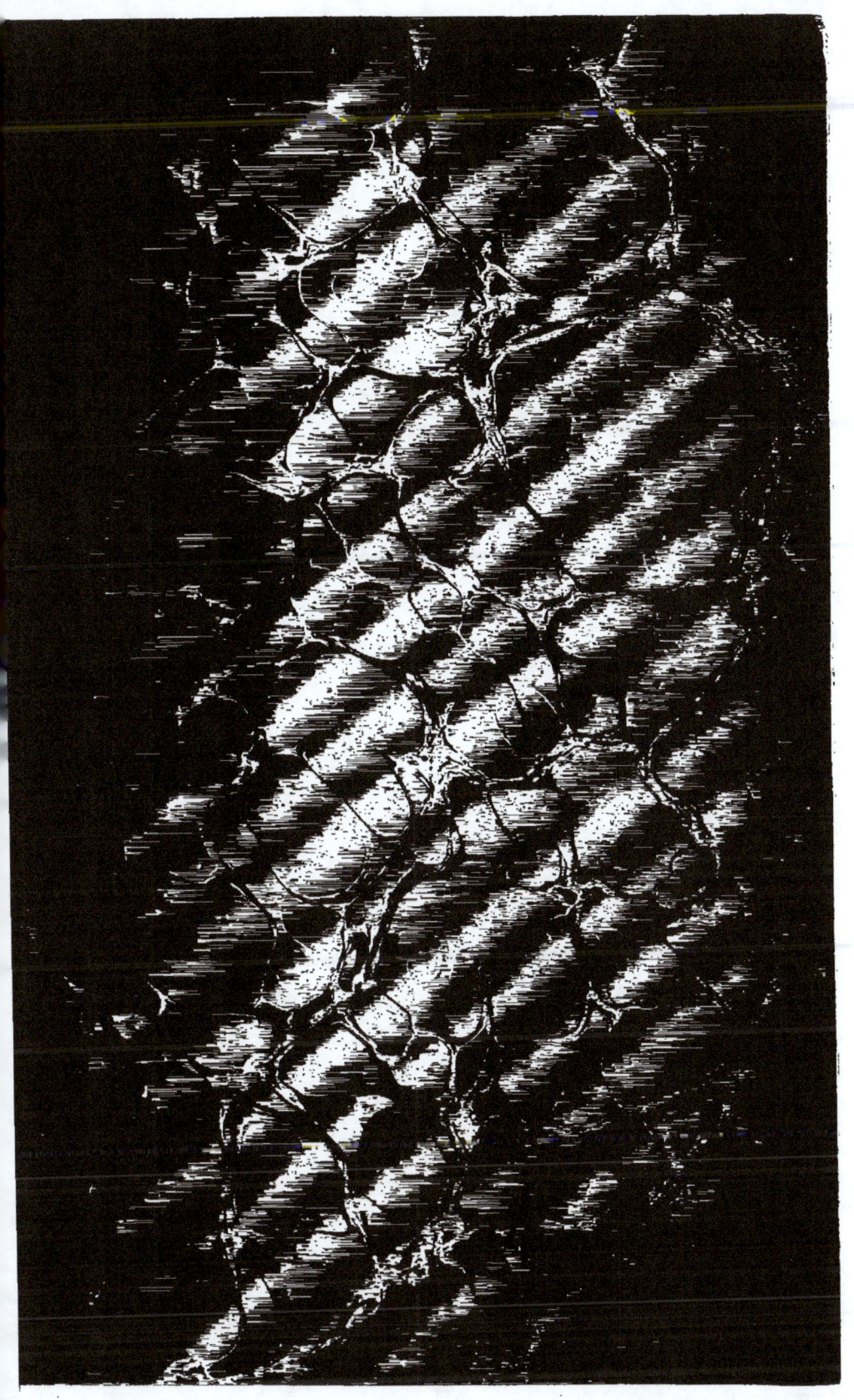

146

LA CÉRAMIQUE

(FABRICATION)

OUVRAGE PUBLIÉ SOUS LE HAUT PATRONAGE
DE L'ADMINISTRATION DES BEAUX-ARTS
ET HONORÉ DES SOUSCRIPTIONS
DU MINISTÈRE DE L'INSTRUCTION PUBLIQUE,
DE LA VILLE DE PARIS, DES CHAMBRES DE COMMERCE
DE PARIS, LYON, MARSEILLE, ETC.

LA CÉRAMIQUE

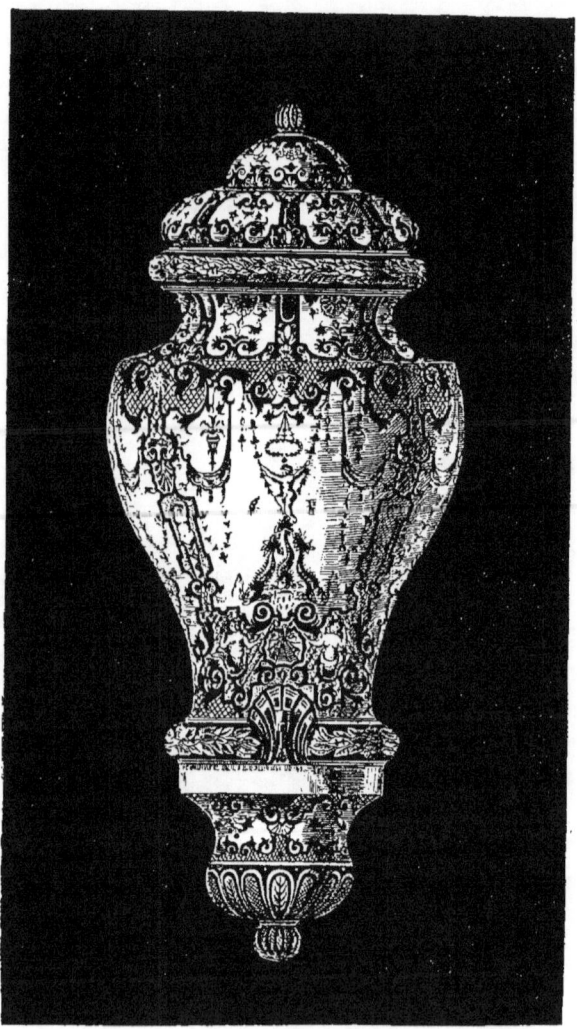

Fig. 1. — Fontaine en faïence de Rouen décor à lambrequin.
(XVIIIe SIÈCLE.)

LES ARTS DE L'AMEUBLEMENT

LA
CÉRAMIQUE

(FABRICATION)

PAR

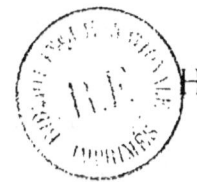

HENRY HAVARD

Inspecteur des Beaux-Arts
Membre du Conseil supérieur

QUATRE-VINGTS ILLUSTRATIONS PAR M. GOUIN

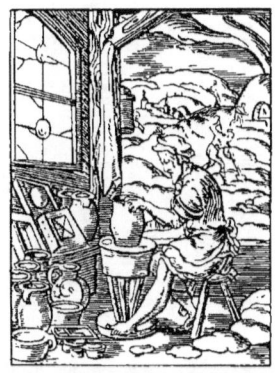

PARIS
LIBRAIRIE CHARLES DELAGRAVE
15, RUE SOUFFLOT, 15

Tous droits réservés

Il a été imprimé 100 exemplaires de cet ouvrage sur japon des manufactures impériales, numérotés et signés.

LA CÉRAMIQUE

PREMIER VOLUME

LA FABRICATION

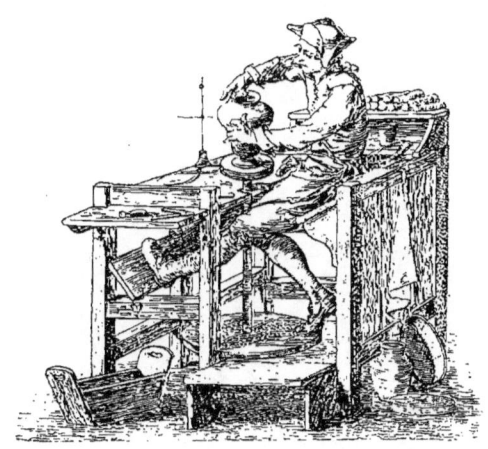

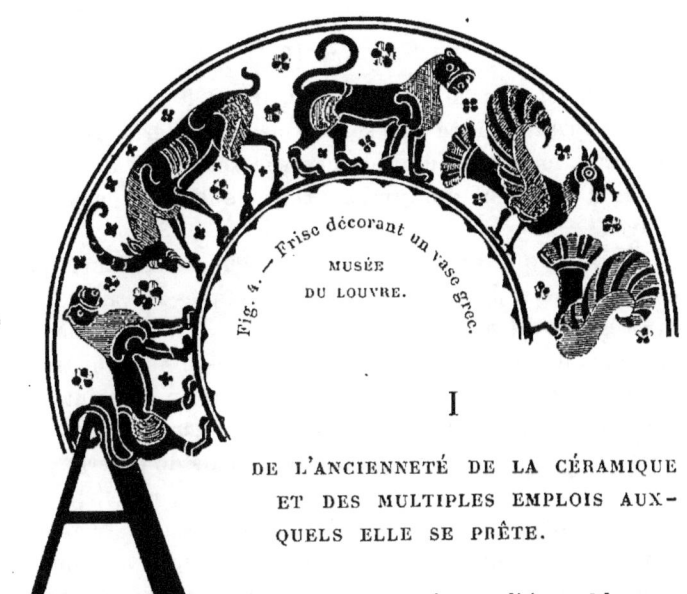

Fig. 4. — Frise décorant un vase grec.
MUSÉE DU LOUVRE.

I

DE L'ANCIENNETÉ DE LA CÉRAMIQUE ET DES MULTIPLES EMPLOIS AUXQUELS ELLE SE PRÊTE.

Aucun des arts qui ont l'Ameublement pour objet, n'a jamais rendu et ne rend encore à l'homme plus de services et de plus variés que la Céramique. On n'en pourrait citer non plus aucun qui ait été plus universellement pratiqué, et dont les productions, à toutes les époques, aient excité un plus vif intérêt même chez les personnages les moins accessibles d'ordinaire aux préoccupations de ce genre. Il n'en est pas, enfin, qui remontent à une antiquité plus haute.

L'origine de la céramique se perd dans la nuit des temps. Presque partout elle précède la période où l'histoire des peuples commence. En Égypte, on la rencontre dans les plus anciens hypogées, parvenue déjà à un point de relative perfection; en Grèce, dans l'îlot de Thérasia; à Santorin, sous les cendres de volcans éteints depuis des milliers d'années; en Italie, sous les débris volcaniques du Latium; en Troade, au pied des remparts d'Hissarlik, la Troie de Priam; sous les amas celtiques de pierres de la vieille Armorique, comme dans les *tumuli* du Danemark et sous les *dolmens* de la Drenthe, partout la céramique apparaît ayant déjà revêtu ses formes caractéristiques, et montrant entaillés ou appliqués sur ses flancs des rudiments d'ornementation, preuve certaine d'intentions décoratives.

Ajoutons que ce n'est pas par menus fragments, par échantillons isolés, par spécimens uniques et rares, que sa présence se manifeste. En tous lieux, en tous temps, on rencontre ses produits mêlés en masse aux objets de toutes sortes et aux débris les plus divers; à ce point que l'humus qui recouvre aujourd'hui les cités antiques est formé presque pour un quart de fragments de poterie.

Cette incroyable abondance s'explique, au reste, par la multitude d'emplois auxquels la céramique a su se plier. Non seulement elle sert, et de tout temps a servi à l'homme pour recevoir, accommoder et présenter ses aliments, pour loger et conserver ses boissons, mais elle tient dans la décoration de nos habitations, et dans leur construction même, une place exceptionnellement importante.

Sous forme de tuiles, elle recouvre nos toits et nous abrite contre les intempéries. Façonnée en pavements, elle garnit le sol, constituant une aire plane, partout égale, propre et douce au pied. Façonnée en carrelages, elle habille la muraille d'un revêtement toujours hygiénique, facile à entretenir, souvent riche, brillant et agréable. Enfin, la pierre vient-elle à manquer, c'est encore à elle qu'on s'adresse. Transformée en briques, elle sert à édifier les murs mêmes de la maison; et dans ces fonctions nouvelles, elle continue de joindre l'agrément à l'utile. Modelée ou moulée par des mains habiles, elle se prête aux combinaisons les plus ingénieuses. Elle remplit, suivant le cas, le rôle de gouttières, de chéneaux, de frises, de pilastres, et les contours qu'elle revêt, les ornements dont on les pare, le chaud éclat de sa couleur, concourent à la beauté de l'édifice, quand même ils n'affectent pas, comme dans le palais de

Darius, les ambitieuses proportions d'une décoration grandiose et magnifique.

Ajoutons que ses services, autrefois, ne se bornaient pas aux limites étroites de notre existence. Après avoir tenu fidèle compagnie à l'homme durant sa vie, elle lui tenait encore fidèle compagnie au delà du trépas, soit en revêtant l'aspect de délicieuses mondaines, comme ces statuettes de Tanagra, retrouvées, après deux mille ans, dans les tombeaux béotiens; soit qu'elle adoptât la forme de coupes et de vases à libations, comme ceux qu'on rencontre dans les sépultures celtiques. Bien mieux, non contente d'abriter, de protéger nos ancêtres en leur vivant, elle continuait même de les protéger et de les abriter après leur mort, en leur fournissant, comme en Étrurie, le mausolée qui devait renfermer leur dépouille mortelle; en constituant, comme à Rome, l'urne destinée à recevoir leurs cendres et leurs ossements, ou encore en prenant, comme au Brésil, la forme de ces jarres gigantesques dans lesquelles les cadavres des princes et des rois étaient enfermés.

Enfin, elle fut de tout temps et demeure encore chargée de perpétuer pour les générations futures l'image des personnes illustres ou aimées. Bustes, statues, groupes et bas-reliefs relèvent de sa compétence. Il n'est pas jusqu'à nos moindres actions dont elle n'ait maintes fois consacré le souvenir. On conserve, au musée du Louvre, des briques assyriennes où sont incisés des contrats de mariage, des rôles d'impositions, des actes de vente.

On comprend qu'un art d'une utilité aussi générale et qui savait se prêter à une telle variété d'emplois et de services ait, à toutes les époques, chez les Grands comme chez les Petits, excité un intérêt tout spécial. Cet intérêt particulier se justifie, en outre, par la façon dont les œuvres de la Céramique voient le jour. Il n'existe peut-être pas un autre art, en effet, où la puissance créatrice de l'homme trouve moyen de se manifester d'une manière plus évidente.

Les matières premières dont on la tire sont si communes, si répandues, qu'il n'est pour ainsi dire pas de pays où on ne les rencontre à la surface même du sol. Réduit à ses seules forces, l'être le plus faible peut les extraire, et toute la valeur qu'elles pourront acquérir par la suite, la commodité des formes, la richesse des ornements, la variété et l'éclat des couleurs brillantes et durables, viendront uniquement des façons dont on les gratifiera, — façons qui ont elles-mêmes quelque chose d'étonnant et de merveilleux.

Considérez le potier installé devant son tour. De sa main exercée il saisit un pain grossier d'argile. Il le masse, l'écrase, le pétrit, lui donnant ainsi la cohésion nécessaire. Tout d'un coup le tas informe s'anime. Sous la pression de ses doigts on voit la matière inerte s'élever, s'arrondir, grandir et monter progressivement, puis redescendre, prendre en un instant et comme par une sorte de magie les aspects les plus divers, s'épanouir en forme de coupe, se fermer en forme de flacon, s'enfler en bas, se rétrécir au sommet, jusqu'au moment où, sous l'impulsion du tour, et au seul contact de la main, elle finit par adopter un galbe précis, agréable à l'œil, c'est-à-dire artistique, répondant à une destination déterminée, par conséquent logique, et par-dessus tout savant, car la pureté de ses contours aussi bien que sa façon d'être utile ont donné lieu à de longues méditations, et sont la conséquence d'expériences répétées et de calculs difficiles.

Et ce n'est point tout. Ce vase, cette coupe, ce flacon, que le tourneur vient de tirer du néant, dont il a fait pour ainsi dire jaillir la forme d'une masse incohérente et sordide, est placé dans un four brûlant, soumis aux incandescentes caresses d'une flamme intense, qui devrait, semble-t-il, le dévorer, le calciner et le réduire à néant. Eh bien, non! Quand on le retire de la fournaise, il apparaît plus résistant, plus durable que jamais. Il a revêtu une splendide parure d'émaux éblouissants et dont les reflets chatoyants égalent ceux des pierres précieuses.

Ainsi, d'une matière vaseuse, visqueuse, presque répugnante, sortent, par le seul effort du génie de l'homme, des créations admirables par leur solidité, leur durée, leur éclat. « Il n'y a que quelques arts mécaniques, écrit avec raison Brongniart, qui puissent donner des produits où la matière, presque nulle en valeur, acquiert par la main de l'homme un prix immense. Il y a telle grande pièce de poterie qui a acquis de la sorte une valeur mille fois plus

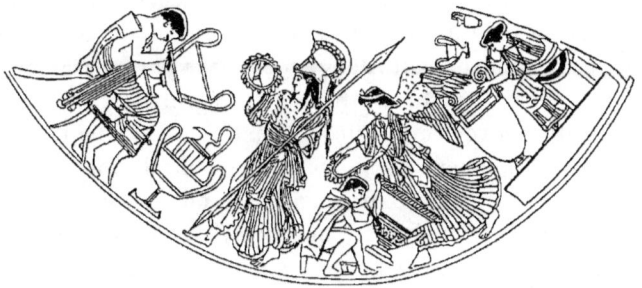

Fig. 5. — Minerve couronnant des peintres de vases; frise décorant une *hydrie*. (MUSÉE DE BERLIN.)

grande que celle de la matière qu'elle renferme. — Ce sont là les remarquables caractères qui frappent dans les arts céramiques et qui les distinguent au premier coup d'œil des autres arts. »

Toutes ces raisons, semble-t-il, suffisent à expliquer l'intérêt que les plus hauts personnages, en même temps que les poètes et les littérateurs, ont de tout temps accordé à la Céramique. C'est à elle, en effet, que les écrivains les plus illustres et les plus saints prophètes ont emprunté leurs plus frappantes images. Homère décrivant le bouclier d'Achille compare le mouvement rapide des danseurs dont il est décoré, aux évolutions que la main du potier imprime à sa roue. Isaïe, parlant de l'Éternel, s'écrie : « Il traitera les grands du monde comme la boue, et les foulera comme le potier foule la terre sous ses pieds. » Jérémie rapproche le royaume d'Israël du vase que le potier tire de son argile. Platon se plaît à constater que, n'ayant besoin que de la main de l'homme pour s'exercer, ce bel art a dû précéder tous les autres. Hésiode, Plutarque, lui empruntent certains de leurs apophtegmes. Et la Céramique, qui reçut son nom presque divin de Céramus, fils de Bacchus et d'Ariadne, devint, à son tour, la marraine d'un quartier d'Athènes. Une rue et une place lui durent leur nom. Enfin, s'il fallait montrer en quelle estime les Grecs tenaient ses produits, la peinture d'une *hydrie* représentant Minerve, elle-même, couronnant des jeunes gens occupés à décorer des vases, viendrait attester le légitime orgueil que potiers et peintres céramistes avaient alors de leur métier. « Ils revendiquaient aussi bien l'honneur d'avoir modelé une amphore de forme irréprochable ou une cylise élégante, écrit Olivier Rayet, que celui d'avoir exécuté les peintures de ces vases. Le potier n'était pas moins fier de faire suivre son nom du mot ἐποίησεν (a fait) que le peintre ne l'était de signer son œuvre avec la formule ἔγραψεν (a peint). Un des grands maîtres de la Céramique attique, Euphronios, emploie tour à tour ces deux formules, comme pour témoigner qu'aucune des parties de la technique ne lui est étrangère, et dans une inscription qui nous a été conservée en partie, le titre qu'il joint à son nom est celui de potier (Εὐφρόνιος κεραμεύς)[1]. »

On sait que Numa établit à Rome un collège pour la communauté des potiers. Il n'est donc pas surprenant que les céramistes romains aient été aussi fiers de leur titre et de leurs ouvrages que les céramistes grecs. Tandis que les signatures des sculpteurs de l'Antiquité sont demeurées extrêmement rares, nous possédons par milliers des sigles

1. *Histoire de la Céramique grecque*, par Olivier Rayet et Maxime Collignon, p. xv.

de potiers latins. Quant à l'estime dans laquelle les ouvrages céramiques étaient alors tenus, on en peut juger par les prix incroyablement élevés auxquels les vases *murrhins* atteignirent à Rome.

« On voit sous l'Empire, écrit M. Baudrillart[1], payer 427,000 de nos francs (70 talents) un de ces vases myrrhins (*sic*) que Rome estimait si précieux ! Il y avait chez Néron une coupe de cette matière payée, dit-on, trois cents talents (1,830,000 fr.). Il paye cent talents une seule tasse à deux anses. Des vases payés assez souvent cent, deux cent, trois cent mille francs de notre monnaie, cela se voit assez fréquemment. On ne peut guère que croire ici encore Pline, et avant lui Sénèque. Ils écrivent pour leurs contemporains, qui n'auraient pas supporté qu'on leur présentât des chiffres de fantaisie. »

Sans pousser les choses aussi loin, le Moyen Age et la Renaissance ne manquèrent pas de témoigner à la Céramique une affection particulière. Indépendamment des poteries d'usage courant, on ne cessa pas de collectionner les vases de grand luxe et de haute valeur. Les *Inventaires* de Charles V et du roi René nous montrent de précieux spécimens de cette noble industrie, conservés au milieu de pièces d'orfèvrerie du plus grand prix. Au XVIe siècle, les personnages les plus riches, les plus puissants, s'emparent en quelque sorte de cette fabrication, « non pas pour en faire un monopole productif, mais pour en faire la matière de leur faveur, de leur grâce, et le signe de leur générosité. »

C'est sous la surveillance directe des princes, des princesses, des reines et des rois que ces admirables céramiques, qui font la gloire de nos collections modernes, voient le jour. C'est sous les yeux mêmes des ducs de Toscane que ces belles poteries connues sous les noms de *Majolica* et

---

1. H. Baudrillart, *Histoire du luxe public et privé*; Paris, 1878; t. II, p. 257.

de *Terra invetriata*, atteignent à leur perfection; et le souvenir de Guidobaldo della Rovera demeure lié à ces créations charmantes, auxquelles participent les artistes les plus renommés de son temps. C'est dans son palais du Casino que François de Médicis installe la fabrique de porcelaine qui portera le nom de son illustre maison. C'est dans son château d'Oiron que la gracieuse Hélène de Hangest préside à la confection de ces incomparables terres de pipe — ces vases murrhins de notre époque — qui atteignent dans les ventes des prix invraisemblables. C'est dans le jardin même des Tuileries que Bernard Palissy, après avoir été au service du connétable de Montmorency, reçoit de Catherine de Médicis l'autorisation d'établir ses fours et de façonner ses rustiques *figulines*. Est-il besoin de rappeler la faveur tout exceptionnelle dont la Céramique a joui en des temps plus récents?

La participation directe de l'électeur Auguste de Saxe à la fondation de Meissen, celle de la duchesse du Maine et de Mme de Pompadour à la création des manufactures de Sceaux et de Sèvres, la généreuse protection que le maréchal de Villeroy, le duc d'Orléans, le comte de Custine, accordèrent à l'exploitation des fabriques de Mennecy, de Saint-Cloud et de Niederwiller, etc., sont trop connues pour devoir être rappelées, et ces quelques considérations suffisent, croyons-nous, à établir l'importance qui s'attache à ce bel « art de terre » et l'intérêt que présente son étude.

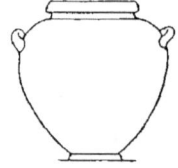

Fig. 6.

II

DES MATIÈRES PREMIÈRES QUI ENTRENT DANS LA COMPOSITION DES POTERIES, ET DE LA FAÇON DONT ON LES PRÉPARE.

La poterie, suivant la composition des pâtes qui servent à sa fabrication et suivant les façons qu'elle reçoit, se divise en un nombre considérable d'espèces, qui chacune ont une utilité particulière, des caractères déterminés et une histoire distincte. Sans vouloir entrer de suite dans le détail de ces diverses sortes, il convient toutefois d'établir dès le principe une démarcation précise entre deux grandes classes : les POTERIES OPAQUES et les POTERIES TRANSLUCIDES. Nous aurons, en effet, occasion de constater, au cours de cette étude, que, comme nature de pâtes, aussi bien que comme application, ces deux sortes de céramique diffèrent assez pour qu'on n'ait point à les confondre.

Le principal élément qui entre dans la composition des poteries opaques est l'argile. Substance minérale extrêmement commune, l'argile trempée d'eau forme une pâte plastique, et qui par conséquent se façonne aisément. Cette pâte, en outre, acquiert au feu une dureté d'autant plus grande que l'action calorique a été poussée plus loin.

L'argile est essentiellement formée de silice et d'alumine. Rarement on la rencontre à l'état pur. Ordinairement elle est mélangée de carbonate et de silicate de chaux, de magnésie, de matières charbonneuses, d'oxyde de fer, etc. C'est la présence de ce dernier qui, après cuisson, donne à certaines poteries leur teinte rouge si caractéristique. En outre, l'argile renferme souvent des pyrites, des cristaux de gypse, des amas de limonite terreuse (ocre jaune), qui la rendent impropre aux emplois céramiques. Aussi a-t-on soin, pour éliminer ces matières, de procéder à un lavage soigné, suivi d'un décantage qui fait tomber au fond des bassins les corps tenus en suspension.

Les argiles les plus riches en alumine sont les plus plastiques. La proportion dans laquelle l'alumine entre dans la formation de l'argile varie d'un tiers à un cinquième. M. Deck, dans son livre intitulé *la Faïence*[1], indique comme constituant une argile parfaite la composition suivante :

Silice................	58
Alumine.............	35
Carbonate de chaux..	7
	100

L'analyse des belles poteries de la Grèce antique donne, comme moyenne, la proportion suivante :

Silice................	55
Alumine.............	20
Oxyde de fer.........	16
Carbonate de chaux...	8
Magnésie............	1
	100

Il nous a paru curieux de rapprocher ces deux formules à peu près conformes, bien qu'elles soient séparées par un espace de plus de deux mille ans. On remarquera que la principale différence qui existe entre elles, réside dans ce fait que les Grecs, ne dissimulant pas leur céramique sous une couverte, tiraient un parti décoratif de la coloration rouge que l'oxyde de fer communiquait à leurs beaux vases, alors que M. Deck, se proposant de couvrir son biscuit d'émaux colorés et opaques, recherchait surtout une argile blanche et remplaçait dans sa composition l'oxyde de fer par l'alumine, dont nous avons indiqué la grande plasticité.

Cette dernière qualité est une de celles qui importent le plus, et pour cause, dans les pâtes céramiques. Cependant il arrive parfois que, se rencontrant en excès, elle présente des inconvénients. Une pâte trop plastique, en

---

1. Deck, *la Faïence*; Paris, Quantin; p. 206.

effet, a le grand inconvénient de sécher difficilement et inégalement, ce qui rend les objets fabriqués sujets à se déformer et à se fendre. On peut même citer certains ouvrages, les carrelages par exemple, pour la fabrication desquels la plasticité de la pâte constitue un défaut. Les surfaces rondes ou courbes arrivent à se maintenir par elles-mêmes. Il n'en est pas ainsi avec les surfaces planes, dont la tendance à gauchir est en raison directe de la souplesse et de la plasticité de l'argile employée à leur fabrication. Pour remédier à cet inconvénient, qui est encore aggravé par la cuisson, on introduit dans la composition des pâtes des matières *arides* qui les *dégraissent*. Tels sont les sables formés soit de quartz pur ou de quartz mélangé de calcaire. Telles sont encore les pâtes déjà cuites, qu'on réduit à l'état pulvérulent, et qui prennent le nom de *ciment;* ou encore les scories vitro-ferrugineuses appelées *escarbilles*.

Ces diverses manipulations sont imposées au fabricant par la nécessité où il se trouve le plus souvent — surtout lorsqu'il ne fait pas uniquement des poteries de luxe — d'utiliser les gisements d'argile situés dans son voisinage, en donnant la préférence naturellement à ceux dont la qualité répond à la nature de ses produits. Comme il importe que le prix ne se trouve pas majoré par des opérations trop compliquées et par conséquent trop coûteuses, il se sert de cette argile, en ayant soin de l'améliorer non seulement à l'aide des lavages et des décantages dont nous avons parlé, mais aussi en la mêlant à diverses autres argiles.

A toutes les époques on a pratiqué de ces mélanges. Gerrit de Paape écrit dans son livre intitulé *de Plateelbacker*, que pour la *faïence de Delft*[1] on mélangeait :

Argile de Tournai.....	55
» du Rynland	27
» de Delft........	18
	100

1. Voir *Histoire de la faïence de Delft*, par Henry Havard.

Nous savons par Bastenaire-Daudenart[1] que la composition des pâtes employées au siècle dernier à la fabrication de la *faïence de Paris* se formulait comme suit :

Terre blanche ou marne de la barrière de Combat...	30
Terre verte de même provenance..................	30
Terre jaune de la barrière de Picpus..............	25
Terre d'Arcueil ou de la barrière de Fontainebleau..	15
	100

Salvetat[2] nous apprend que la célèbre *faïence de Sceaux* était formée de :

Glaise verte de Frênes	37
Marne blanche.................................	30
Terre à four de Picpus.........................	20
Sable de Fontenay.............................	10
Argile de Gentilly.............................	3
	100

A cet égard, nos fabricants modernes se conforment à cette pratique et n'agissent pas autrement que leurs aînés. « Il arrive rarement, écrit M. Deck, qu'une seule terre renferme dans des proportions convenables les éléments de fabrication. J'ai remarqué qu'il est souvent bon d'avoir, dans une composition de pâte, différentes sortes de terre, car chacune peut apporter des qualités spéciales et neutraliser les défauts des autres. On obtient ainsi un ensemble plus parfait[3]. »

Lorsque le fabricant s'est procuré les argiles qui doivent entrer dans la composition de sa pâte, il les mélange dans les proportions qu'il sait être les meilleures. Il les délaye dans l'eau, les lave, les décante, les réduit ensuite en une pâte malléable à l'aide d'un *battage* opéré par une percussion violente, et d'un *pétrissage* qui s'effectuait, autrefois, avec les pieds et qu'on nommait à cause de cela *marchage,* mais qu'on exécute, aujourd'hui, à l'aide de machines spécialement construites à cet effet. Cette opération a surtout

---

1. *L'Art de fabriquer la porcelaine ;* Paris, 1828.
2. *Leçons de céramique.*
3. *La faïence : loco cit.*, p. 204.

pour but de donner aux pâtes l'*homogénéité* nécessaire, c'est-à-dire de leur communiquer une égalité parfaite de composition et de densité, permettant à la *retraite* qui a lieu pendant la dessiccation des pièces et à la diminution de volume produite par la cuisson, de s'opérer d'une façon aussi égale que possible. Cette homogénéité s'obtient aussi par l'action chimique de ce qu'on appelle le *pourrissage des pâtes*. On a remarqué, en effet, que les pâtes anciennes se travaillent mieux que celles récemment préparées, qu'elles sont moins courtes, que la retraite est moins considérable, que les *cloques* et les *fentes* y sont moins fréquentes. Cette opération s'accélère en additionnant l'eau dans laquelle l'argile est en suspension, de matières organiques ou d'eaux de fumier. Il se produit alors une véritable fermentation, qui, dit-on, communique à la pâte des qualités spéciales.

Ce *pourrissage* dure plus ou moins longtemps. Ensuite on lave une seconde fois, et comme, par ce lavage, la terre est redevenue à l'état de bouillie presque liquide, on lui rend une certaine consistance par un *ressuage* obtenu soit par une évaporation naturelle produite par l'aération, soit par la pression, soit par la chaleur. Puis on la divise en pains de grosseur convenable, qu'on met en réserve pour s'en servir en temps opportun.

Plus tard cette pâte, détrempée de nouveau, façonnée par le tourneur ou le mouleur, et convenablement séchée, sera soumise à une température allant du rouge cerise au rouge blanchâtre, et transformée par la cuisson en une sorte de pierre résistante, dure et sonore, à laquelle on donne le nom de biscuit.

Mais avant d'entrer dans le détail de ces opérations, il convient de remarquer que le produit obtenu avec ces mélanges d'argile commune ne constitue jamais qu'une céramique assez grossière, poreuse; perméable à l'eau, se laissant facilement entamer par l'acier, médiocrement sonore et forcément opaque.

Soit qu'on l'utilise en lui laissant sa couleur naturelle et sans couverte, pour former des ornements d'architecture, des carrelages, des statues ou des vases; soit qu'on la recouvre d'un vernis plombifère, pour lui enlever sa porosité, soit même qu'on la gratifie d'un émail stannifère que complétera un décor d'une élégante finesse, enrichi d'émaux d'un vif éclat, jamais cette sorte de pâte n'acquiert une grande valeur intrinsèque; et tout son prix lui vient uniquement de la beauté de la forme qui lui aura été donnée, ou encore de la richesse de son ornementation.

Il n'en est pas de même des *pâtes translucides,* désignées d'une façon générale sous le nom de *porcelaine.* Leur transparence laiteuse, l'admirable finesse de leur grain, leur couleur légèrement ambrée, la limpidité de leur couverte, la pureté et la netteté de leurs contours, les font apprécier en elles-mêmes, indépendamment de ce que la forme et le décor peuvent ajouter à leur prix.

Deux éléments principaux composent essentiellement ces pâtes de porcelaine : l'un argileux et infusible, qu'on nomme le *kaolin;* l'autre aride et fusible, qui est fourni par le *feldspath.* Ces substances fondamentales sont additionnées, suivant les cas, de craie, de sable siliceux, d'argile plastique et de tessons de porcelaine cuite en dégourdi et réduits à l'état pulvérulent. « Les dosages, écrit M. Georges Vogt, varient suivant les qualités de la porcelaine que l'on désire obtenir. Ils ne peuvent cependant varier que dans des limites assez restreintes. Ainsi, il faut, d'une part, que la pâte contienne assez d'éléments fusibles, de feldspath, pour qu'elle puisse acquérir à la cuisson la transparence caractéristique de la porcelaine, sans que la température atteinte durant cette opération soit capable de ramollir les étuis en terre réfractaire dans lesquels on est obligé de renfermer les pièces de porcelaine[1]. »

---

1. G. Vogt, *la Porcelaine,* p. 145.

Mais, quelle que soit la proportion dans laquelle ils se trouvent mélangés, ces matériaux demandent à être lavés, broyés et pétris avec d'autant plus de soin que la pâte fournie par eux reste toujours courte, ce qui rend le façonnage plus difficile et la dessiccation ainsi que la cuisson plus sujettes aux accidents.

Indépendamment de cette porcelaine-type, qu'on appelle *porcelaine dure* parce que, d'une part, elle peut supporter sans fondre et sans gauchir une très haute température (1,500°), et que d'autre part la couverte qu'elle reçoit ne peut être rayée par l'acier du couteau, on fabrique un certain nombre d'autres poteries translucides qui sont connues sous les noms de *porcelaine tendre, demi-tendre, porcelaine japonaise, porcelaine nouvelle*, etc.

« Je puis affirmer, écrit à ce propos Bastenaire-Daudenart, que j'ai fait plus de deux mille essais avec toutes les terres, quartz, silex et sables que j'ai pu me procurer, tant aux environs de Paris que dans les pays lointains et étrangers, et que j'ai reconnu qu'on pouvait fabriquer une infinité d'espèces de porcelaines[1]. » Mais, comme on l'a fait remarquer, l'important est moins de posséder une multitude de formules, que d'avoir une bonne composition de laquelle on puisse attendre d'heureux résultats. Aussi nous bornerons-nous à dire quelques mots des diverses sortes dont nous venons de tracer les noms.

La *porcelaine tendre française* ou *porcelaine artificielle*, qu'on fabriqua, au siècle dernier, avec un si grand succès, à Vincennes et à Sèvres, était obtenue par le mélange de :

Nitre fondu	22 »
Sel marin gris	7,2
Alun	3,6
Soude d'Alicante	3,6
Gypse de Montmartre	3,6
Sable de Fontainebleau	60 »
	100 »

[1]. *L'Art de fabriquer la porcelaine*, t. 1er, p. 108.

Après avoir pétri soigneusement ces diverses matières, on les *frittait*, puis on broyait la *fritte*, on la lavait à l'eau bouillante et l'on en formait une pâte en l'additionnant de marne calcaire et de craie blanche dans les proportions suivantes :

Fritte	75
Craie	17
Marne	8
	100

Après cuisson, on obtenait par ce mélange une poterie essentiellement siliceuse[1], fine, dense, à texture presque vitreuse et par conséquent translucide, qu'on recouvrait d'un vernis plombifère plus dur que celui des poteries opaques vernissées, mais tendre par rapport à celui de la porcelaine dure. Cet émail, inconvénient grave, se laissait rayer par le couteau. Ajoutons qu'on n'en pouvait employer de plus résistant, parce qu'à 1,500°, température nécessaire pour fondre les roches feldspathiques, la pâte tendre s'amollit sous l'action du feu et se déforme. Néanmoins les céramiques ainsi fabriquées offrent un charme spécial. « L'émail en est velouté, limpide, d'une pureté absolue, écrit fort justement M. Lauth[2]; et comme il a la propriété de fondre avec les couleurs, il se laisse pénétrer par elles, s'y combine intimement et leur communique une très grande douceur. »

Cette dernière qualité, qui contribuait beaucoup à son charme, l'ancienne porcelaine tendre de Sèvres la devait précisément à ce que sa pâte et sa couverte cuisaient à une température relativement peu élevée. La porcelaine dure,

---

1. L'analyse des pâtes dures de Meissen, de Sèvres, de Vienne, fournit environ de 34 à 36 pour 100 d'alumine, de 58 à 60 pour 100 de silice, avec des traces de potasse, de soude, de chaux, etc. — La pâte tendre dite *vieux Sèvres* contient seulement 2,23 pour 100 d'alumine, près de 77 pour 100 de silice, 7,5 pour 100 de potasse et de soude, plus de 13 pour 100 de chaux. On voit combien la composition des pâtes tendres diffère de celle des pâtes dures.

2. Ch. Lauth, *la Manufacture nationale de Sèvres*, p. 105.

au contraire, exige un degré considérable de calorique, auquel ne résistent pas la plupart des oxydes métalliques colorants. De là, pour la décoration au grand feu, une palette restreinte, composée de couleurs ternes et sans éclat. Quant à la décoration à petit feu, la couverte des porcelaines dures ne se laissant pas, comme l'émail des porcelaines tendres, pénétrer par les couleurs vitrifiables, sous l'action d'un feu de moufle, se montre réfractaire à l'incorporation, ce qui enlève toute profondeur et toute transparence au décor, et lui laisse une lourdeur, une froideur de tons désagréables. Cette double constatation provoqua la recherche et amena la découverte d'une pâte intermédiaire.

Les nombreuses expériences de MM. Ebelmen et Salvetat ayant établi que les porcelaines orientales sont fabriquées, comme les produits européens, avec du kaolin, du sable et des feldspaths, mais mélangés dans des proportions différentes, ce qui permet de les cuire à une température moins élevée; des analyses répétées ayant également démontré que la couverte est, comme celle de notre porcelaine, composée avec des roches feldspathiques, mais additionnées de chaux qui en augmente la fusibilité, on s'efforça de constituer une pâte analogue; résultat auquel sont parvenus M. Salvetat en créant, en 1870, la *pâte japonaise,* et M. Lauth, quinze ans plus tard, en donnant la formule de la *porcelaine nouvelle.*

C'est à ces détails très sommaires que nous bornerons nos indications sur la composition des pâtes céramiques. Nous allons maintenant nous occuper de passer rapidement en revue la mise en œuvre de ces pâtes et leur décoration. Comme la fabrication des poteries translucides ne diffère pas essentiellement de celle des poteries opaques, nous nous contenterons de décrire cette dernière, nous réservant de signaler, au cours de notre travail, les modifications, dans le traitement et la main-d'œuvre, que nécessite, dans certains cas, la diversité de composition des pâtes.

III

DES DIFFÉRENTS PROCÉDÉS USITÉS POUR FORMER LES PO-
TERIES : LE MODELAGE, L'ÉBAUCHAGE AU TOUR, LE TOUR-
NASSAGE, LE MOULAGE, LE COULAGE.

Les diverses sortes d'argile ayant été bien choisies, mélangées avec soin, lavées, épurées, décantées, malaxées,
pétries, battues, puis convenablement humectées pour former une masse suffisamment homogène et plastique, le potier a quatre manières de donner à sa pâte la forme qu'elle
doit revêtir. Ces quatre manières sont le MODELAGE, le FA-
ÇONNAGE AU TOUR, le MOULAGE et le COULAGE.

LE MODELAGE. — De ces divers procédés, le plus ancien
est le modelage. C'est aussi le plus artistique, puisque l'opé-
rateur, dans ce cas, doit tout tirer de lui-même, et n'a pour
s'aider et pour se guider dans sa besogne, que quelques
menus outils de bois comme les ébauchoirs, et quelques calibres. De nos jours, c'est à l'aide du modelage que les sta-
tuaires exécutent — le nom l'indique, du reste, — les modèles
en terre de leurs bustes, bas-reliefs et statues. Dans les
arts décoratifs on façonne également à la main tous les
ornements en relief destinés à être par la suite moulés et
reproduits à de nombreux exemplaires.

Jadis les potiers confectionnaient de même les vases
d'usage courant. Les pièces rondes provenant des Étrus-
ques primitifs, des Germains, des peuples scandinaves, nos
premières poteries gauloises, toutes celles des indigènes
des deux Amériques, n'ont pas été fabriquées autrement.
Enfin, ces jarres énormes, respectées par les siècles, et
que l'on conserve à titre de curiosités dans nos musées spéciaux, ont été également montées à la main, par le procédé

FABRICATION 21

du *colombin* et sans le secours d'aucun appareil. On peut dire de ces derniers ouvrages, que ce n'est pas la pièce qui a tourné devant le potier, mais le potier qui a tourné autour de son œuvre.

Actuellement il n'y a plus guère que les creusets destinés à la vitrification qui soient ainsi façonnés. Nous expliquons dans notre volume relatif à la *Verrerie* comment on procède à leur confection. On y verra que l'ouvrier conduit

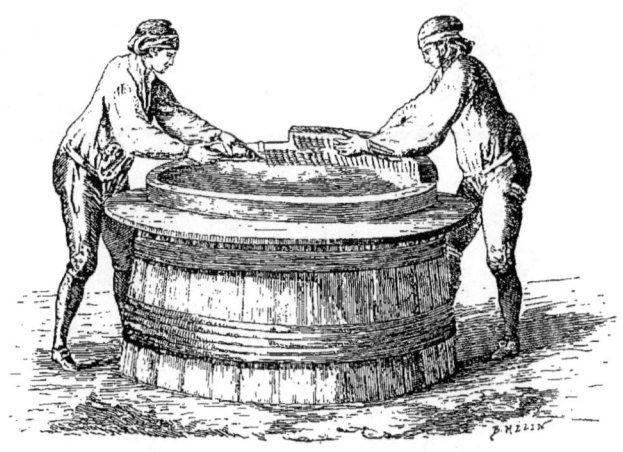

Fig. 7. — Ouvriers montant un creuset à la main.
(Gravure tirée de la *Verrerie*.)

son travail en appliquant l'un sur l'autre des colombins de terre, dont il forme d'abord le fond du creuset et ensuite les parois latérales. Cette façon de faire, quoiqu'elle paraisse un peu rudimentaire, ne laisse pas que d'offrir, au dire même des gens les plus compétents[1], de grands avantages. Au cours du travail, la main exercée de l'ouvrier peut, en effet, remédier à tous les défauts de fabrication. Aussi les vases fabriqués de la sorte présentent-ils toujours une pâte plus compacte, plus serrée, et comme conséquence

1. Voir Bastenaire-Daudenart, *l'Art de la vitrification*, p. 33.

offrant moins de pores et de parties d'air interposées dans la masse, qualité très importante et qui les rend plus durables. Peut-être même est-ce à cette particularité qu'il faut attribuer le surprenant état de conservation de ces jarres monumentales que nous citions à l'instant.

Le façonnage au tour. — Une fois achevés à la main, ces vastes morceaux étaient, dans le principe, lustrés au

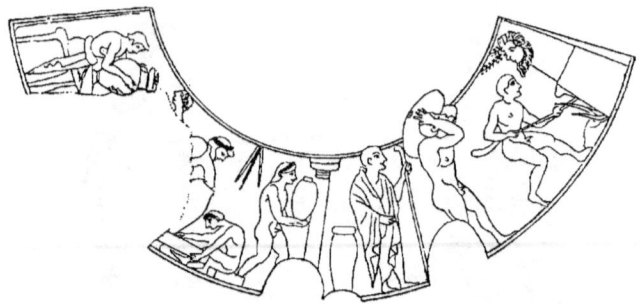

Fig. 8. — Frise d'une *hydrie* représentant un atelier de potier.
(MUSÉE DE MUNICH.)

polissoir. Plus tard, pour que ce travail offrît plus de régularité, on eut recours au tour, et finalement on se servit de cet ingénieux appareil pour monter avec plus de facilité les parois des vases. A quelle époque le tour fit-il son apparition dans le domaine de la céramique? Les Grecs en attribuent l'invention à Talès, neveu de Dédale, qui vivait environ 1200 ans avant Jésus-Christ. Mais les peintres des hypogées égyptiens lui assignent une origine beaucoup plus lointaine. Ce qu'on peut affirmer, c'est qu'en Grèce il était depuis longtemps en usage au temps d'Homère, puisqu'un passage de l'*Iliade* — nous l'avons constaté dans notre premier chapitre — fait allusion à la rapidité de ses évolutions.

Il ne paraît pas, toutefois, que la *roue du potier,* comme

on disait jadis, ait revêtu, tout d'abord, la même forme que de nos jours. Les peintures si instructives et si précieuses de Beni Hassan nous montrent des céramistes égyptiens accroupis devant un tour que leur main actionne. On conserve à la Pinacothèque de Munich une *hydrie*, ornée d'une frise peinte de figures noires, où se trouve représenté un atelier de céramistes grecs. Dans cet atelier (fig. 7) on aperçoit clairement un artisan d'un certain âge plongeant son bras gauche dans l'intérieur d'une amphore de grandes dimensions, afin d'égaliser les parois intérieures, pendant qu'un apprenti assis sur une marche très basse communique avec ses bras une vigoureuse impulsion au tour sur lequel le vase est posé.

Ainsi, dans le tour primitif, le mouvement était donné avec la main, soit par le potier lui-même, soit par une autre personne.

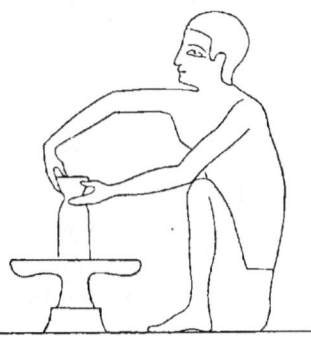

Fig. 9. — Tourneur égyptien, d'après les peintures de Beni Hassan.

C'est, du reste, ce qui résulte du texte d'Homère que nous citons plus haut. Les Grecs et les Égyptiens connurent-ils, en outre, le tour auquel on imprime l'impulsion avec le pied, et qui permet ainsi à l'ouvrier de demeurer plus maître de son travail? Aucun texte, aucun monument ne vient nous fixer sur ce point délicat. Pline, il est vrai, rapporte que le Scythe Anacharsis perfectionna l'instrument de Talès et améliora sa construction. Faut-il faire à Anacharsis l'honneur de cette innovation si précieuse? La seule constatation qui soit actuellement permise, c'est l'étonnante perfection avec laquelle les poteries d'Égine, de Samos, de la Grande-Grèce, de l'Italie méridionale et de la Campanie ont été tournées, et leur peu d'épaisseur, qui laisse supposer l'emploi d'appareils et d'outils d'une construction singulièrement raffinée. Mais les poteries chinoises sont encore plus parfaites, et la vignette (n° 10) que nous reproduisons d'après l'album de Brongniart montre que les potiers du Céleste Empire ont continué jusqu'à une époque relativement très récente de se servir du tour à main.

Nous ne connaissons pas exactement la forme du tour employé par les potiers du Moyen Age. Celui que nous montre Jost Amman, dans sa curieuse vignette, est encore assez primitif (voir fig. 2). L'ouvrier, placé sur un escabeau mobile, manque de point d'appui pour imprimer à sa roue une impulsion vigoureuse. En outre, le disque inférieur est de dimension réduite. Il ne fait donc pas, comme dans le tour actuel, office de volant; et nous voyons que pour le mettre en mouvement l'ouvrier est obligé de le saisir entre l'orteil et le second doigt de son pied nu, ce qui ne laisse pas que d'exiger une dextérité spéciale. Il nous faut attendre l'*Encyclopédie* et l'ouvrage de Gerrit Paape[1], c'est-à-dire le XVIIIe siècle, pour trouver la représentation d'un banc de tourneur complet avec sa *roue de volée*, sa *tige*, ses *coussinets*, sa *girelle* et sa *carcasse* munie de la *table* et du *marchepied*.

La roue de volée, organe principal de l'appareil, consiste en un disque de bois mesurant généralement de $0^m,90$ à 1 mètre de diamètre. Elle est faite de planches épaisses. Il importe, en effet, qu'elle soit d'un certain poids, afin qu'elle ait plus de *chasse* et fasse mieux l'office de volant. Ce disque est monté sur une tige de fer, qui se termine à sa partie inférieure par une pointe pouvant facilement tourner dans une encoche de même métal. A l'autre bout de cette tige, se trouve une petite plate-forme qui porte, suivant les pays, le nom de *girelle* ou de *tête de tour*. Au-dessous de cette plate-forme, un collier de cuivre formé par deux coussinets sert à fixer l'appareil. Ces deux coussinets doivent s'emboîter très

---

1. *De Plateelbacker of Delftsch aardwerkmaker*, déjà cité.

FABRICATION 25

exactement, de manière à embrasser étroitement la tige, chacun par la moitié de son diamètre. Il importe, en effet, que l'appareil n'éprouve dans sa marche aucune oscillation. Sans cette condition expresse il n'est pas de tour bien construit.

Derrière la roue est disposé le banc sur lequel l'ouvrier

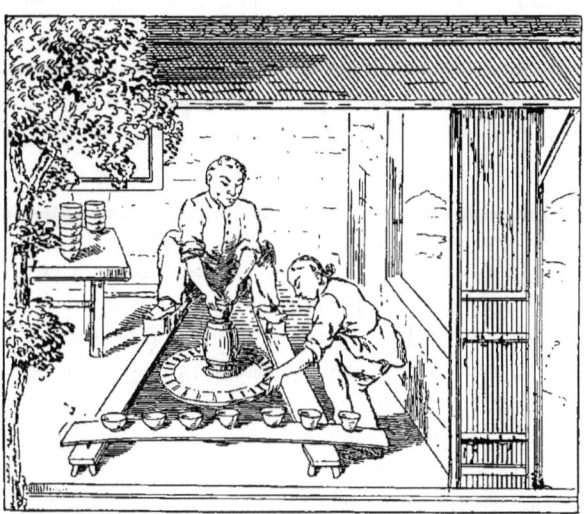

Fig. 10. — Tourneur chinois, d'après une gravure de l'album de Brongniart.

prend place. Ce banc est incliné de façon à laisser le poids du corps porter sur les pieds, ce qui augmente considérablement la force d'impulsion. Pour ne pas glisser, et pour pouvoir se tenir en équilibre, l'ouvrier pose son pied gauche sur une planche qui lui sert d'appui, et qui porte le nom de marchepied. De l'autre il chasse le disque, accélérant ou modérant le mouvement suivant les exigences du travail.

Le banc du tourneur ainsi que la table qui le complète sont formés de montants et de traverses en bois, assemblés carrément. Lorsqu'on monte cette carcasse, non seulement on s'efforce de lui donner toute la solidité désirable, mais encore — qualité non moins indispensable — de lui assurer un aplomb parfait et une inébranlable fixité. Pour cela on scelle dans le sol, avec du plâtre, les montants qui soutiennent le tout.

Le tour une fois construit, l'ouvrier y prend place. A portée de sa main se trouve une tablette sur laquelle il pétrit, bat et corroie la terre dont il va se servir, opération indispensable pour que la pâte présente les qualités nécessaires à l'ébauche des pièces. Une terre bien battue facilite le travail et contribue singulièrement à la réussite du four.

Quand son argile est bien pétrie, bien battue, et que le tourneur, en la frappant entre ses mains, en a fait sortir toutes les bulles d'air qui pouvaient encore s'y trouver[1], il la divise en balles d'une grosseur convenable, bien égales et proportionnées aux dimensions de la pièce qu'il veut exécuter[2], et range ces balles en tas. Ces préparatifs achevés, si le tourneur doit exécuter des plats ou des assiettes, il prend une certaine quantité de rondeaux en plâtre qu'il met à sa gauche, puis il s'installe devant son tour, place sur le disque supérieur ou *girelle* un rondeau[3], imprime avec le pied à la roue un mouvement assez rapide pour qu'on ne s'aperçoive pas que la pièce tourne (c'est ce qu'on appelle *dresser le rondeau*), et il commence son *ébauche*.

Cette ébauche, il l'exécute avec ses mains, qu'il a eu soin préalablement de tremper dans de la *barbotine*[4]. Cette bar-

---

1. La présence de ces bulles d'air peut amener de fâcheux accidents au cours de la cuisson, parce que, se trouvant dilatées par la chaleur, elles donnent naissance à des pustules.
2. Pour que la pièce qu'il fabrique soit d'une régularité aussi grande que possible, le tourneur pèse ses balles, de façon qu'il n'y en ait pas de plus grosses les unes que les autres.
3. Les rondeaux mesurent généralement 0^m,16 de diamètre.
4. On donne ce nom à une portion d'argile qu'on a eu soin de délayer dans de l'eau, de façon qu'elle forme une bouillie très claire.

botine, au cours de l'exécution qui va suivre, fera fonction d'huile et empêchera que l'argile ne s'attache aux doigts.

Pour commencer son ébauche, il applique assez rudement sur le rondeau une balle de pâte, dont il a mouillé l'extrémité, de façon qu'elle reste adhérente. Cela fait, il enfonce son pouce au centre de la balle d'argile, pratique ainsi un trou, qu'il élargit progressivement, en ayant soin d'humecter la terre, et il étend la pâte, qui cède sous la pression de ses doigts, l'élevant, l'allongeant et l'élargissant tour à tour, jusqu'à ce qu'elle finisse par adopter un galbe conforme aux mesures indiquées, tout en gardant, cependant, à la pièce une consistance suffisante, qui lui permette de ne point s'affaisser sous son propre poids.

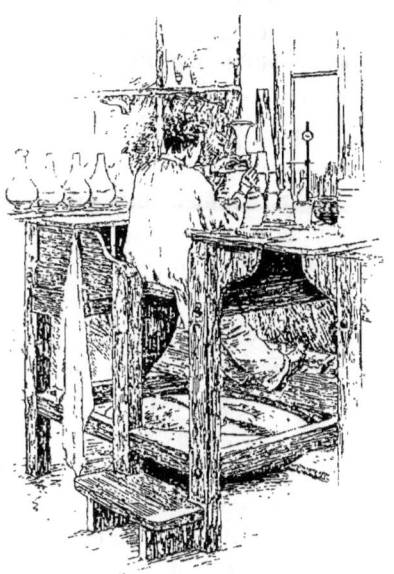

Fig. 11. — Le tourneur à son banc.

C'est alors qu'intervient l'*estèque*. On donne ce nom à un outil fait d'une lame de bois, de cuivre, de fer ou d'ardoise, découpée suivant la forme extérieure ou intérieure de la pièce. Le tourneur plonge l'*estèque* dans une terrine d'eau, et, l'appliquant doucement sur la pâte qui tourne, il amincit progressivement la pièce et en polit la surface. Lorsque cette pièce est d'une forme légère, comportant des contours bien purs et nettement déterminés, le tourneur a soin d'arrêter son ébauche de façon à conserver un excédent d'épaisseur qui, plus tard, disparaîtra au *tournassage*

Ajoutons que l'épaisseur conservée à l'ébauche doit être d'autant plus grande que la pâte employée est plus courte, et par conséquent moins liante. C'est ainsi que pour les ouvrages de faïence, dont l'argile est essentiellement plastique, l'ébauche amène la pièce presque à sa forme définitive, alors que pour la porcelaine, dont la pâte est beaucoup moins longue, on a soin de laisser du *gras,* que le tournasseur se charge d'enlever. Mais, dans l'un comme dans l'autre cas, cette partie du travail exige, de la part de l'ouvrier qui l'exécute, une grande habileté, une expérience spéciale, un entraînement particulier. « Nous citerons, écrit M. Salvetat, un cas bien commun chez les tourneurs d'assiettes. Tel ouvrier extrêmement habile pour une forme et une grandeur données perd son coup de main sans pouvoir se l'expliquer; il ne peut, pendant un certain temps, que faire des pièces secondaires. On juge, après cela, quelle difficulté présente le façonnage à la main.[1] »

Quand, au lieu d'une assiette ou d'un plat, on doit procéder à l'ébauche d'une pièce haute, telle que pot à eau, flacon, potiche, etc., l'ouvrier presse la pâte, la force avec le pouce de la main gauche et les doigts de la main droite à s'élever d'abord, ensuite à s'abaisser, afin que cette double évolution augmente son homogénéité. Puis, se guidant sur les indications qui lui sont fournies par un petit appareil appelé autrefois le *mat,* nommé aujourd'hui *chandelier de jauge* ou *porte-mesure,* et qui se compose d'une tige verticale armée de baleines disposées horizontalement et indiquant non seulement les mesures extrêmes de la pièce, mais le développement de toutes ses parties saillantes et rentrantes, il achève avec ses doigts, ou en se servant de l'ébauchoir, de donner à la pièce la forme voulue. Quand celle-ci est ainsi ébauchée, le tourneur, soit à l'aide d'un fil de laiton, soit en se servant de la pointe d'un couteau mouillé,

---

1. Notes et additions au *Traité des arts céramiques* de Brongniart, t. Ier, p. 729.

la détache avec beaucoup de précautions pour ne pas lui donner de *gauche,* et la place sur une planche voisine, qui prendra bientôt le chemin du séchoir.

On a dit, un peu emphatiquement peut-être, que l'ébauche est aux œuvres de la céramique ce que la fondation est à un édifice[1]. Le certain c'est que tous les accidents,

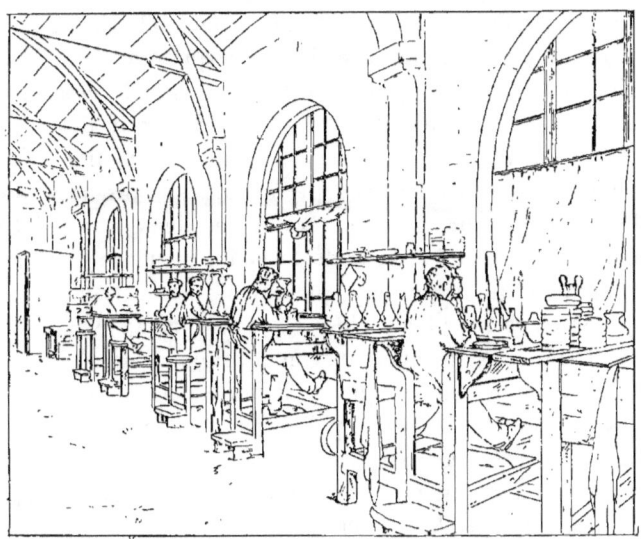

Fig. 12. — Atelier de tourneurs à la manufacture de Sèvres.

toutes les malfaçons qui se produisent pendant cette première partie du travail, alors même qu'on parvient à les masquer momentanément, réapparaissent plus tard avec des aggravations, et entraînent souvent le rejet de la pièce lorsqu'elle est presque terminée.

On voit de suite la part d'habileté considérable qui est nécessaire à un tourneur, pour obtenir, par ces moyens si simples, cette admirable régularité qu'on remarque en une

---

[1] Boyer, *Manuel complet du porcelainier, du faïencier et du potier de terre,* p. 37.

suite de vases pareils, tous si conformes au modèle qu'on les dirait sortis d'un même moule. Cette habileté est d'autant plus indispensable, que dans le placement des mesures le tourneur doit toujours avoir égard au retrait que la pâte subira pendant la cuisson. Il faut, en outre, une grande expérience, une étonnante sûreté de main, pour serrer très également les parties qu'on élève. Enfin on doit mettre parfaitement d'accord le mouvement horizontal circulaire que décrit le tour, avec la vitesse qu'on donne à l'ascension des parois de la pièce, de façon à éviter le *vissage*[1]. Ce sont toutes ces difficultés qui ont fait dire à un des auteurs les plus compétents qui aient écrit sur cette matière[2] : « Un ouvrier qui ébauche avec perfection est plus rare qu'un bon tournasseur. La première de ces deux manipulations dépend de la délicatesse de la main, et d'une justesse de coup d'œil qu'on possède quelquefois naturellement, mais que le travail le plus assidu ne peut faire acquérir; la seconde ne consiste que dans un léger maniement d'outils. Il arrive donc souvent que celui qui excelle dans l'une de ces deux parties peut ne pas arriver à la perfection dans l'autre. C'est pourquoi, dans quelques fabriques, ces deux opérations, qui ne font qu'un art, se trouvent séparées, afin de créer des produits parfaits. »

Une fois les pièces ébauchées, elles sont portées en des séchoirs où elles demeurent quelque temps, jouissant d'une température assez élevée pour permettre une prompte évaporation de l'eau contenue dans la pâte.

---

1. Ce défaut consiste en des lignes ou sillons qui, partant de la base même de la pièce, s'élèvent en spirale jusqu'à son sommet, comme le pas d'une vis. Il est dû soit à une inégalité de pression de la main du tourneur, soit au défaut d'accord entre l'action de la main et celle du tour n'opérant pas avec la même vitesse.

2. Bastenaire-Daudenart, *l'Art de fabriquer la porcelaine*, t. II, p. 240.

LE TOURNASSAGE. — Quand les pièces tournées ou moulées ont convenablement *ressué,* c'est-à-dire lorsqu'elles sont arrivées à un degré suffisant de siccité, permettant à l'argile de présenter une certaine résistance à l'outil, et à celui-ci de la couper en copeaux sans qu'elle se réduise en poussière, on procède au tournassage. Cette opération est exécutée, elle aussi, sur le tour, mais par le *tournasseur,* et

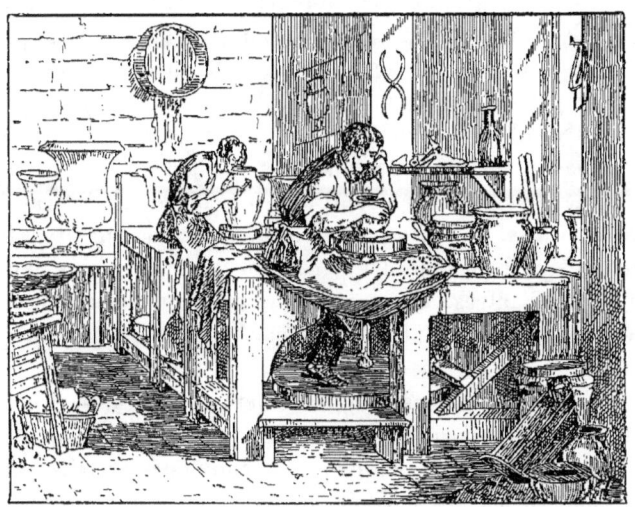

Fig. 13. — Tourneur et tournasseur à leur banc.

à l'aide de *tournassins*. On donne ce dernier nom à de petits calibres en acier non trempé, pouvant ainsi être facilement réparés à la lime, et qui présentent en découpures les profils exacts que la pièce doit revêtir.

Pour soutenir celle-ci, le tourneur se sert de moules ou de mandrins, puis, la pièce étant convenablement centrée sur la *girelle,* de manière que son axe concorde avec celui du tour, et ce dernier étant mis en mouvement, il applique successivement ses tournassins de façon non seulement à maigrir le contour en faisant tomber tout ce qui excède les découpures des calibres, mais encore de manière à donner aux vases le poli et le fini nécessaires. C'est au moyen du tournassage que l'on forme sur les pièces les moulures saillantes, les gorges, les filets, que ni l'ébauchage ni même le moulage ne pourraient fournir avec une netteté et une précision suffisantes.

Cette opération, on le comprend, demande à être conduite avec de grandes précautions. Elle réclame une légèreté de main toute spéciale, surtout quand il s'agit de pièces importantes. Le tournasseur doit, en outre, apporter la plus grande attention au degré de dessiccation de la pâte qu'il travaille. Le tour, qui souvent rend droit ce qui ne l'est pas, peut aussi gauchir ce qui est droit. Or la plus minime déformation produit une inégalité dans le travail. Dans ce cas, et sans que le défaut soit apparent, il arrive que des parties, dans les parois du vase, sont plus amincies que d'autres. Un des nombreux inconvénients résultant de cette différence d'épaisseur, c'est le manque de solidité.

Une fois les pièces soigneusement tournassées, il n'y a plus, semble-t-il, qu'à les porter au four et à les soumettre à la cuisson, et c'est ce qu'on ne manque pas de faire pour les plats ou assiettes ordinaires, et aussi pour les vases de forme simple. Mais beaucoup de vases, par suite de leur destination même, doivent recevoir des garnitures, être pourvus de pieds, d'anses, de goulots, de boutons, de fruitelets, ou gratifiés de médaillons, de guirlandes, de pastillages et autres embellissements. C'est le garnisseur qui est chargé de cette besogne.

La plupart de ces garnitures sont obtenues à l'aide du moulage. Seules, quelques fleurettes ou des fruits très simples, des feuillages, se modèlent à la main. Encore ces ornements de peu d'importance ne sont-ils appliqués que sur des pièces de peu de valeur.

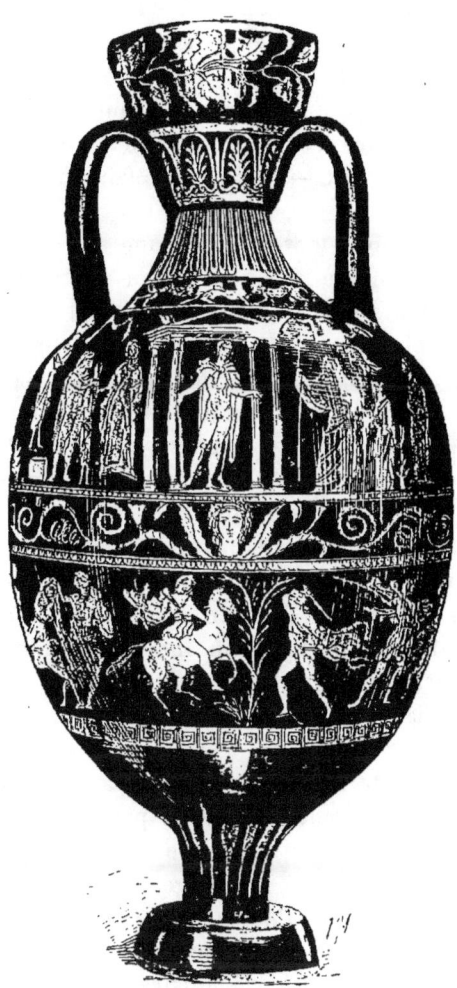

Fig. 14. — Amphore apulienne exécutée au tour.

Le moulage. — Autant nous avons mis de soin à détailler les différentes façons qui s'exécutent sur le tour, parce qu'elles sont en quelque sorte caractéristiques de la fabrication qui nous occupe, autant nous nous efforcerons d'être bref en ce qui concerne le moulage, dont les opérations successives ne s'éloignent pas sensiblement — sauf pour les vases creux — de ce qui se fait dans d'autres professions.

Cette opération, toutefois, est une des plus importantes de la Céramique. C'est aussi une des plus anciennes. Certains auteurs — Alexandre Brongniart est de ce nombre — la croient antérieure au tournage. On a même supposé que les premiers potiers, incapables de faire leurs modèles, les avaient empruntés directement par le moulage à la nature. De là viendrait la forme d'objets naturels, de fruits et d'œufs notamment, que rappellent encore à l'heure actuelle la plupart de nos vases. L'opinion est spécieuse; et quoiqu'on sache la part considérable qui revient à ce procédé dans les œuvres de quelques céramistes illustres, de Bernard Palissy, entre autres, on peut croire qu'un besoin inné d'imitation a suffi à faire donner à un certain nombre de modèles, un galbe se rapprochant d'objets qui frappent journellement notre vue.

L'opération du moulage s'exécute naturellement à l'aide d'un moule. Le moule suppose la préexistence d'un modèle sur lequel il a été établi. Considérons, par exemple, ce curieux vase (fig. 15) surchargé de petites figures. Chacune d'elles a été préalablement modelée, puis moulée et ensuite soudée au corps principal. Supposons que nous voulions copier ce vase. Un statuaire serait chargé par nous de modeler ces diverses figurines. Ses modèles étant convenablement secs, il exécuterait sur chacun d'eux, avec du plâtre très fin, un moule en bon creux, divisé en autant de parties qu'il est nécessaire pour que la pièce soit de *dépouille*[1], c'est-à-dire pour qu'elle puisse être enlevée facilement, et ce moule nous servirait à tirer toute une série d'exemplaires de ces mêmes figurines.

Chacun de ces exemplaires peut être obtenu en poussant avec la main, ou avec une éponge mouillée, dans les diverses parties du moule, un peu de pâte humectée d'eau et par conséquent bien molle, et en ayant grand soin de n'en mettre que juste la quantité nécessaire, de façon à éviter les grosses bavures. Puis, quand par la dessiccation la pièce a pris une certaine consistance, on la retire du moule, — opération facilitée par le retrait naturel qui s'opère dans la pâte quand elle se *ressuie;* — cela fait, on la répare, on la fait sécher et on la soude à l'aide d'une barbotine légère sur le corps du vase.

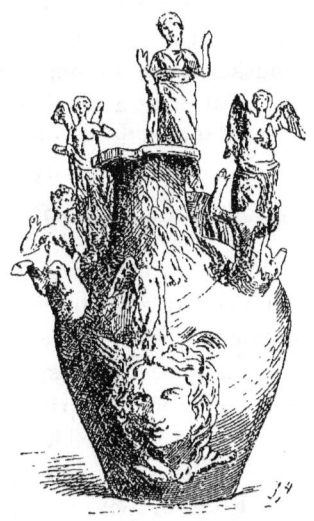

Fig. 15. — Vase antique chargé de moulages. (MUSÉE DU LOUVRE.)

Pour que l'adhérence de ces divers fragments soit, après cuisson, absolument complète, il importe que la pièce de garniture et le corps du vase soient arrivés à un état égal de dessiccation, et qu'ils soient — ainsi que la barbotine destinée à les réunir — confectionnés exactement avec la même argile. Il va sans dire que la fabrication des pièces de rapport (anses, becs, goulots, etc.) suit une marche identique, et que celles-ci sont appliquées de la même façon.

Si, au lieu d'un ornement à adjoindre à une pièce préexistante, nous voulions exécuter une œuvre indépendante, buste, statuette, groupe, etc., nous nous y prendrions de

---

1. Voir dans notre volume sur l'*Orfèvrerie* (p. 59) la signification de ce mot et son application.

la même façon. Nous croyons inutile d'ajouter que chacune des opérations qui constituent le *moulage à la balle* (c'est ainsi qu'on appelle ce premier genre de moulage) exige beaucoup de soins et de précautions. Le modeleur qui fournit la figure initiale doit être un artiste de talent, sans quoi l'œuvre achevée n'aurait rien d'artistique. Le mouleur, de son côté, a besoin d'une grande attention. Il lui faut appuyer partout sa pâte d'une façon bien égale, et la pousser avec un linge mouillé pour éviter que l'argile, en s'attachant à ses doigts, ne se soulève quand il les retire. Toute tête un peu grosse, toute terrasse, tout corps d'homme ou d'animal, s'il est de certaines dimensions, sont moulés creux, les bras et les cuisses également, et ces diverses parties, exécutées séparément, sont ensuite soudées à la barbotine.

Le réparateur, qui enlève à la *gradine* et fait disparaître la trace de ces soudures, doit avoir, lui aussi, une certaine connaissance de la sculpture. Il lui faut non seulement boucher avec de la pâte les bulles, cavités et gerçures que le moulage a pu produire, mais reprendre les cheveux, les yeux et les traits principaux du visage, revoir tous les détails des draperies, et rendre à l'œuvre toutes les finesses que le moule, principalement lorsqu'il est vieux, ne donne pas toujours. Il est bon également qu'il soit familiarisé avec les ordres d'architecture, qu'il connaisse les styles, le dessin d'ornement; car c'est à lui qu'incombe la mission de faire revivre les filets, d'aviver le modelé des frises, des chutes, des guirlandes, de fouiller les pétales des fleurs, de *nerver* les feuilles, de dégrossir tous ces ornements avec l'outil de fer, de les finir à l'ébauchoir et de les laver et de les adoucir au pinceau. Enfin, au cours de ces différentes opérations, il ne perdra jamais de vue que le fini de son travail doit être d'autant plus grand que le feu le dévore en partie, et que la couverte ne cache jamais complètement les défauts du moulage.

Lorsqu'il s'agit d'*articles* d'une utilité générale et qui, par conséquent, doivent être fabriqués par quantités, il importe, pour pouvoir en tirer un nombre considérable d'exemplaires, d'avoir prêts d'avance un certain nombre de moules en plâtre, de façon à remplacer ceux qui, par suite d'accident, se dégradent, ou perdent par un long usage leur propriété d'absorber l'humidité de la pâte — à moins qu'on ne se serve de moules ne se détériorant que difficilement. Ces derniers sont généralement confectionnés en terre cuite, plus rarement en métal, étain ou cuivre.

Les moules en terre cuite s'exécutent aisément grâce à la plasticité de l'argile, mais ils exigent un modèle sensiblement plus grand que celui de la pièce qu'ils doivent fournir, à cause du retrait qu'ils prennent en séchant et en cuisant. C'est là une difficulté d'établissement dont il faut tenir compte. Pour les moules en métal, ils ne sont guère employés que pour des pièces de petites dimensions. Quant à la multiplication des moules de plâtre, on y pourvoit en coulant sur le modèle un certain nombre de *mères,* c'est-à-dire de moules qui ne sont pas destinés au moulage de pièces de poterie, mais à reproduire de nouveaux modèles sur lesquels, avant qu'ils soient altérés, on peut refaire une quantité assez grande de moules.

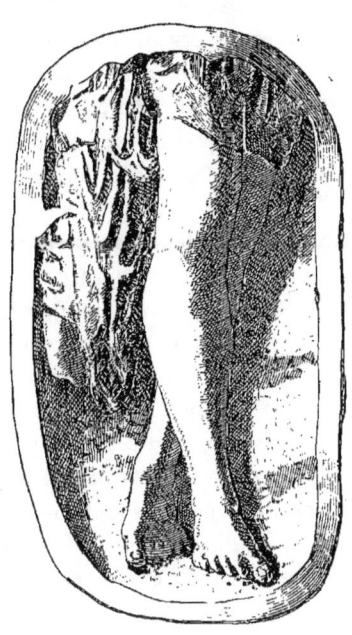

Fig. 16. — Fragment de moule ayant servi à Bernard Palissy.

Un modèle bien net permet d'exécuter 50 *mères,* qui, à leur tour, fournissent chacune 50 modèles nouveaux. A l'aide de chacun de ces derniers modèles on peut obtenir 50 moules en plâtre durci. Un seul type permet donc d'établir 125,000 moules, c'est-à-dire d'exécuter plus de trois millions de pièces. Toutefois, il faut bien prendre garde, au cours de ces diverses opérations, qu'à chaque moulage il se produit un grandissement d'environ un centième, en sorte que, deux moulages étant au moins nécessaires, il faut tenir les dimensions du modèle initial inférieures de deux centièmes à celles du moule définitif.

Telles sont, succinctement résumées, les diverses opérations auxquelles procède le mouleur pour obtenir des objets, ornements ou figures en ronde bosse. Mais là ne se bornent pas les travaux qu'on lui demande. Il arrive souvent que les pièces de vaisselle dont on fait usage, sont ovales, octogones ou de figure irrégulière ; et comme le tour ne peut produire que des objets ronds et de forme régulière, il faut, pour façonner ces pièces, avoir recours au moulage. Il en est de même quand on veut obtenir des vaisselles décorées extérieurement de godrons, de cannelures, de guillochages, de petites frises ou d'ornements en bas-relief qui ne peuvent être rapportés après coup. Le moulage de ces pièces creuses diffère sensiblement de celui que nous venons de décrire. On l'appelle *moulage en croûte.* Voici comment il s'exécute.

On donne le nom de *croûte* à une galette ou à une bande de pâte d'épaisseur régulière qui, préparée sur une table en pierre dure, et égalisée à l'aide du rouleau, est ensuite étalée sur une toile bien fine, qu'on a humectée d'eau, ou mieux sur une peau mouillée. Cela fait, supposons que nous ayons à mouler une soupière. Le moule dont nous allons faire usage se composera de deux parties : l'une, appelée le *noyau,* sera chargée de donner la forme intérieure de notre vase ; l'autre, nommée le *creux,* fournira les contours et la forme extérieure. Après avoir amené notre croûte à l'épaisseur voulue, nous prenons notre noyau; nous l'humectons; puis, soulevant la *croûte* à l'aide de la peau ou du linge sur lequel elle repose, nous l'appliquons sur la convexité extérieure du noyau, et par une pression progressive de la main, ou en la tamponnant avec l'éponge,

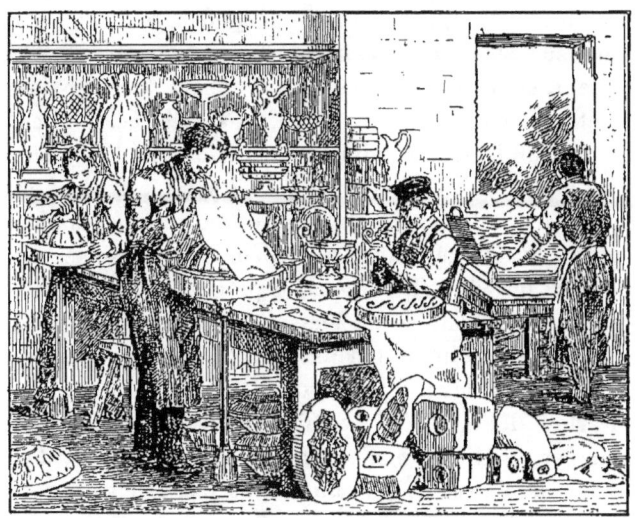

Fig. 17. — Mouleur en bon creux et mouleur en croûte.

nous obligeons la pâte à épouser exactement la forme de ce noyau. Une fois ce premier résultat obtenu, nous prenons le creux et nous en recouvrons la *croûte* et le *noyau*. Ce creux, qui doit nous fournir le contour extérieur de la pièce dont le noyau a ébauché l'intérieur, étant relativement sec, attire la *croûte* à lui. Nous en profitons pour dégager le noyau, et pour appuyer de l'intérieur, d'abord avec l'éponge, ensuite avec des tampons remplis de poussière, la pâte contre les parois du moule extérieur.

Lorsqu'on a suffisamment pressé la *croûte* pour qu'elle

ait pénétré dans toutes les anfractuosités du creux, on l'abandonne à elle-même. A mesure que la pâte sèche, il s'opère un retrait, et la pièce ainsi se détache du creux d'autant plus facilement que, celui-ci étant de *dépouille*, aucune saillie exagérée ne contrarie sa retraite.

Toute vaisselle à contours, tout plat à angles ou à godrons, toute saucière, toute soupière ovale ou guillochée, cannelée ou godronnée, après avoir été démoulée, doit être mise à sécher sur des *renversoirs* garnis de poussière très fine. A ce moment, si la pièce a été moulée avec soin, si les épaisseurs ont été partout bien conservées, si la dessiccation, en outre, est habilement conduite, c'est-à-dire si l'on a soin de la rendre lente et bien égale, le travail est plus qu'aux trois quarts achevé. Il ne reste plus qu'à donner la pièce au réparateur, qui régularisera les contours en se servant de l'outil de fer, de l'ébauchoir, du pinceau, et qui fera revivre à l'aide du calibre les filets, cordons ou cannelures ; et à la passer ensuite au garnisseur, qui soudera à la barbotine les pieds, les anses, les goulots, les boutons, etc.

Parfois, lorsque la pièce qu'on veut exécuter est de forme ronde et régulière, mais chargée extérieurement d'ornements à faible relief, qui obligent de recourir aux procédés du mouleur, on substitue au *moulage en croûte* le *moulage en housse*. Ce dernier diffère du précédent en ce qu'au lieu de préparer la pâte en bande à l'aide du rouleau, on l'ébauche sur le tour, en approchant, autant que possible, sa forme et son épaisseur de celles que la pièce achevée doit revêtir. Mais, qu'ils soient obtenus par le *moulage en housse* ou le *moulage en croûte*, tous ces ouvrages sont calibrés, garnis et achevés de la même manière.

Les diverses façons que nous venons de décrire s'appliquent également aux poteries opaques et aux poteries translucides. Il n'en est pas de même de la suivante, qui convient uniquement aux pâtes maigres et courtes, et n'est utilisable, par conséquent, que pour la porcelaine.

Le COULAGE des pièces céramiques repose entièrement sur cette remarque que les moules en plâtre, quand ils sont bien secs, possèdent une faculté absorbante assez considérable pour qu'une pâte liquide introduite à l'intérieur soit amenée très rapidement à un état de fermeté analogue à celle des pâtes ébauchées et déjà ressuyées. C'est à Tournay que cette découverte fut mise pour la première fois en

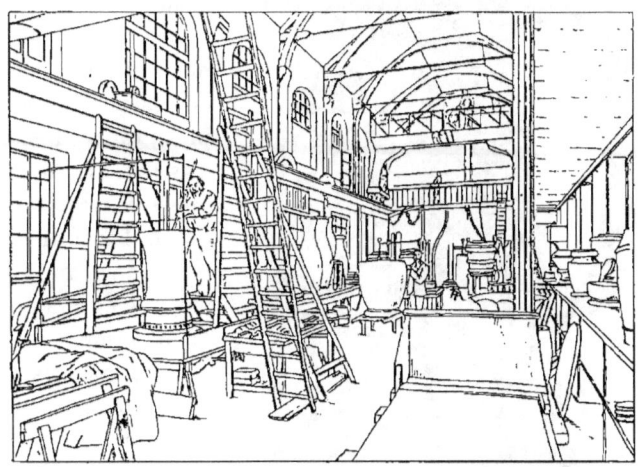

Fig. 18. — L'atelier du *coulage* à la manufacture de Sèvres.

pratique. Dix ans plus tard (1790), un ouvrier nommé Tendelle introduisit ce procédé dans la fabrique de Locré, rue Fontaine-au-Roi. En 1814 il fut adopté par la Manufacture de Sèvres.

Tout d'abord on ne l'employa que pour ce qu'on appelle le *creux,* c'est-à-dire pour les tasses, encriers, bols, etc. L'opération, pour ces sortes de pièces, consiste à emplir d'une barbotine très claire des moules de plâtre très sec, et à les vider presque aussitôt. On laisse ensuite reposer le moule, jusqu'à ce que la couche légère de pâte qui reste adhérente se retire en se séchant, et l'on enlève alors, aussi délicatement que possible, la pièce, qui, si on le désire, peut être d'une légèreté extrême.

C'est par ce moyen qu'on exécute ces tasses dites *coquille d'œuf*, qui sont d'une ténuité invraisemblable. Ajoutons qu'on utilise également le procédé du coulage pour de très grandes pièces, en donnant naturellement aux parois une épaisseur beaucoup plus grande. Le point essentiel pour ce genre de travail, c'est que la barbotine soit très claire, bien homogène et complètement exempte de parties granuleuses et de bulles d'air.

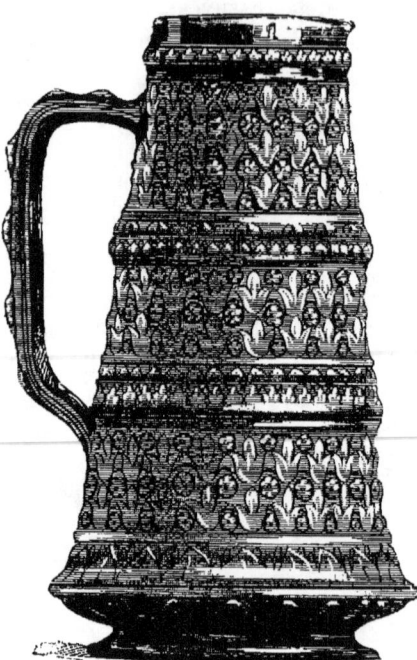

Fig. 19. — Canette en grès décorée de pastillages.
(FABRIQUE DE DOULTON.)

Enfin, pour en terminer avec cette partie de notre sujet, il nous faut encore dire un mot de trois procédés concernant, non plus la façon même, mais la décoration en relief des pièces céramiques, procédés qui furent très employés jadis et qui sont aujourd'hui quelque peu délaissés. On les nomme l'ÉTAMPAGE, le MOLETAGE et le PASTILLAGE.

L'ÉTAMPAGE consiste à appuyer une étampe ou cachet sur la surface d'une pièce céramique et à répéter l'empreinte ainsi obtenue, autant de fois qu'il est nécessaire pour constituer une ornementation.

Le MOLETAGE s'exécute avec de petites roues ou molettes qui portent, gravé sur leur circonférence, un motif qu'on imprime sur la pâte.

On donne le nom de PASTILLAGE à l'action de produire séparément, à l'aide de moules spéciaux, des médaillons, des rosaces, des cartouches, des armoiries ou tout autre ornement, à les ébarber avec soin et à les coller ensuite sur la partie du vase que l'on veut décorer.

Ces procédés, employés dès la plus haute antiquité, ont donné, au point de vue décoratif, des résultats parfois excellents. Nous citerons comme exemple les admirables terres de pipe dites de Henri II, fabriquées à Oiron ou à Saint-Porchaire, et dont l'ornementation consiste, en partie, en un travail d'étampage et de

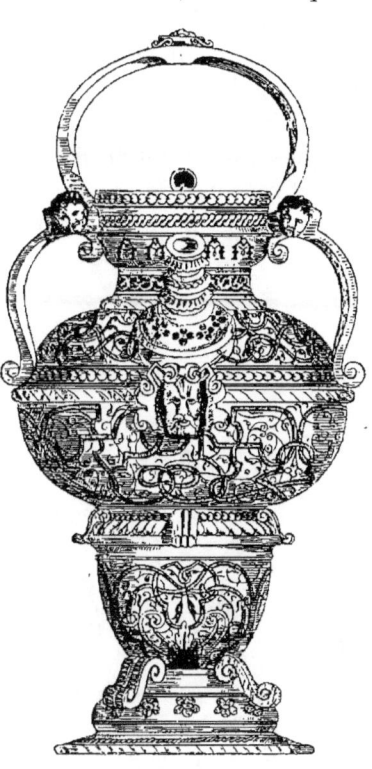

Fig. 20. — Aiguière décorée au moletage. (Faïence dite de Henri II.)

moletage obtenu, à ce qu'on croit, avec des fers de relieur. De nos jours beaucoup de grès, ceux de Doulton notamment, sont encore décorés de pastillages. Ces façons, toutefois, sont usitées dans tant d'autres industries, et les procédés employés aussi bien que les outils servant à les exécuter sont si connus, que nous croyons inutile d'insister davantage.

Ajoutons que depuis cinquante ans, en ce qui regarde le moulage des pâtes céramiques, on s'est appliqué à faciliter considérablement, par des adaptations mécaniques, le façonnage des pièces un peu compliquées. Des machines extrêmement ingénieuses, à la création desquelles les noms de Faure et de Matelin resteront attachés, en se substituant à la main de l'ouvrier, ont presque transformé l'industrie porcelainière; alors que dans la fabrication des poteries opaques l'intervention de machines également remarquables et rendant des services analogues, tend à se généraliser, au moins dans les établissements de sérieuse importance.

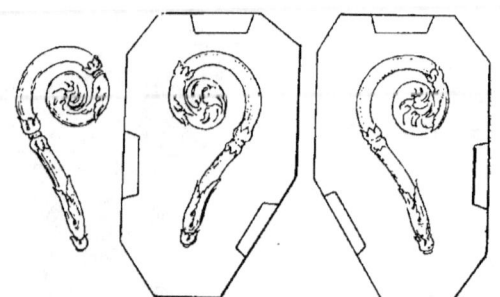

Fig. 21 à 23. — Anse moulée et détail des creux ayant servi pour ce moulage

IV

DES GLAÇURES ET DE LA DÉCORATION

Une fois les pièces façonnées, soit au moule, soit au tour, on les porte, nous l'avons dit, dans des séchoirs où, pendant la saison froide, on entretient à l'aide de calorifères une température assez élevée. Cette haute température est indispensable, car l'argile, jusqu'à sa complète dessiccation, reste d'une grande susceptibilité. Si l'eau qu'elle contient venait à se geler, les pièces en séchant se briseraient et tomberaient en miettes.

Quand la dessiccation est suffisante, on soumet les poteries à la chaleur du four. Elles subissent ainsi une première cuisson et prennent alors le nom de *biscuit*.

Dans les porcelaines ou poteries translucides, le biscuit reste d'une blancheur assez agréable à l'œil pour qu'on ne soit pas obligé de déguiser sa nuance. Mais il n'en est pas de même pour les poteries opaques. Dans ces dernières, la couleur, au sortir du four, varie suivant la composition de l'argile qui a servi à la confection des pièces. Si cette argile contient des oxydes de fer, le biscuit est rouge. Si elle renferme des matières charbonneuses, il devient noir. Si, au contraire, elle est pure et formée seulement de silice et d'alumine, le biscuit reste d'un gris blanc, qui souvent, par suite de sa cuisson imparfaite, prend une teinte sale. En outre, quelle que soit sa couleur, il demeure toujours tendre, poreux et, par suite de sa porosité, impropre à un grand nombre d'usages. Aussi, pour remédier à ce défaut, recouvre-t-on généralement le biscuit d'une *glaçure,* dont le premier effet est de le rendre imperméable aux liquides et aux corps gras.

Sous ce nom de GLAÇURE, devenu en quelque sorte un

terme générique, on désigne, en céramique, toutes les matières vitreuses dont on recouvre les poteries, et qui sont fixées et rendues adhérentes par l'action du feu. Ces glaçures peuvent être transparentes, et alors elles se bornent à donner de l'éclat au biscuit en laissant voir le grain et la couleur de la pâte. Elles peuvent aussi être opaques et cacher complètement cette pâte, la masquant des nuances les plus brillantes et les plus variées.

Dans le premier cas, la glaçure est généralement à base de plomb. Elle prend alors le nom de *vernis,* et la pièce qu'elle protège rentre dans la grande classe des *poteries vernissées.* Dans le second cas, la glaçure prend le nom d'*émail;* c'est l'étain qui en forme la base, et la pièce est classée dans la catégorie des *poteries émaillées* ou *faïences.* Enfin on désigne sous le nom d'*engobe* un enduit terreux opaque qui, recouvrant le biscuit, en dissimule la couleur, et *couverte* un enduit vitrifiable formé de silicates alcalino-terreux, toujours transparent, et qui fond à une température élevée, égale à celle de la cuisson des pâtes les plus réfractaires.

Nous croyons inutile de signaler la grande supériorité des poteries opaques émaillées. Celles qui sont simplement vernissées ne sont guère employées, de nos jours et chez nous, que pour les usages les plus vulgaires du ménage et de la cuisine.

Pour que la glaçure, vernis ou émail, remplisse correctement le rôle qui lui est assigné, il importe qu'elle couvre bien exactement les pièces de façon à ne laisser aucune fissure, si petite qu'elle soit, par laquelle les liquides ou la graisse puissent pénétrer dans la pâte. Cette condition ne peut être réalisée que s'il existe une affinité suffisante entre la glaçure et la matière qu'elle protège. De là un certain nombre de précautions à prendre non seulement dans la composition des glaçures, mais aussi dans celle des pâtes. Ainsi la présence d'un peu de chaux est nécessaire

FABRICATION 47

pour que le biscuit *prenne* bien l'émail stannifère. Sans cela, l'émail a une tendance à se contracter, à se réunir en gouttes et à produire des *bouillonnures*. Mais il ne faut pas que la chaux soit en excès, parce que la glaçure serait trop absorbée par la pâte, et le vernis paraîtrait *ressuyé,* c'est-à-dire terne et sans éclat. Il importe, en outre, que le degré

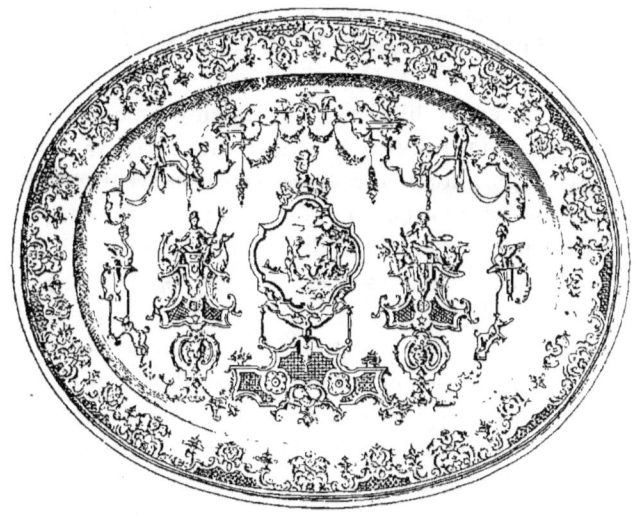

Fig. 24. — Plat à émail stannifère. (FABRICATION DE MOUSTIERS.)

de fusibilité de la glaçure soit approprié à la matière qu'elle recouvre. Si elle était trop *dure,* en effet, elle ne s'étendrait pas sur la pâte et produirait des petits trous nommés *coques d'œufs;* si, au contraire, elle était trop facilement fusible, elle coulerait sur les parties inférieures de la pièce ou pénétrerait dans le corps de la pâte ; et alors le vernis, pour employer un terme technique, serait *sucé.* Enfin, il faut encore que glaçure et biscuit soient en convenable rapport de dilatation et de contraction, de façon que, pendant la cuisson, l'émail ne soit pas forcé de céder aux mouvements de la pâte et de se fendiller, produisant ainsi des *tressaillures* et des *gerçures*.

Nous n'entrerons pas ici dans le détail de la composition chimique des glaçures. Notre but n'est pas de former des céramistes. Nous nous bornerons à remarquer que les matières dont on peut les tirer sont fort nombreuses. Les plus usitées sont le sable ou quartz, le feldspath, le carbonate de potasse, le carbonate de soude, l'oxyde d'étain, le spath fluor, le sel marin, le nitre, l'acide borique, l'oxyde de plomb, etc.

Trois procédés différents sont employés pour glacer les poteries : 1° LE TREMPAGE; 2° L'APPLICATION PAR ARROSAGE OU PAR ASPERSION; 3° L'APPLICATION PAR LA VOLATILISATION. Pour les ouvrages soignés, on a recours successivement aux deux premiers moyens. En étudiant la décoration d'une pièce de faïence fine, nous allons donc les passer en revue.

LE TREMPAGE. — Les pièces en biscuit sortant du four et bien nettoyées à l'aide d'une brosse douce, sont apportées auprès d'une cuve contenant une quantité convenable d'enduit vitrescible, broyé avec soin et délayé dans une quantité d'eau suffisante pour que le mélange reste bien liquide. Cela fait, on plonge avec adresse et précaution chaque pièce, l'une après l'autre, dans la cuve. Cette opération, qui porte dans certaines localités le nom de « donner le blanc », réclame une grande dextérité. L'ouvrier prend la pièce qu'il s'agit d'émailler, la jette dans la cuve à la façon des enfants qui font des ricochets. Après être descendue dans le bain, la pièce remonte, et à sa sortie l'ouvrier la saisit par la tranche avec deux doigts de chaque main, la maintenant par la simple pression, ayant bien soin, de peur de la tacher, de ne pas replier ses autres doigts sur les bords.

Le biscuit, nous l'avons dit, est très spongieux. Il absorbe toute humidité avec laquelle il se trouve en contact;

aussi l'ouvrier doit-il bien faire attention que toutes les pièces qu'il plonge successivement dans la cuve y restent exactement le même temps. Pour être, en effet, du même blanc, elles doivent avoir la même épaisseur d'émail, et cette épaisseur dépend uniquement du séjour plus ou moins long qu'elles font dans le bain.

Il arrive quelquefois qu'une pièce n'a pas besoin d'être

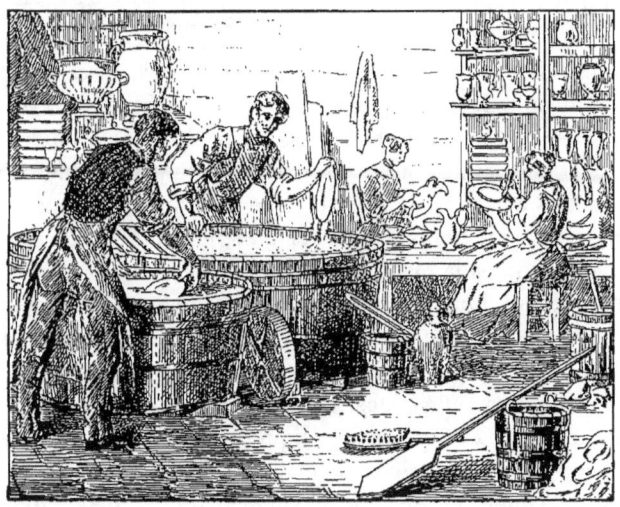

Fig. 25. — L'émaillage par le trempage.

également émaillée sur toutes ses surfaces. Une assiette commune, par exemple, peut, sans inconvénient, être moins émaillée par dessous que par dessus. Dans ce cas l'ouvrier peut projeter tout d'abord un peu d'émail à l'intérieur de l'assiette avant de la tremper, ou il peut, en la frottant extérieurement avec une brosse humide, diminuer le pouvoir absorbant du biscuit, et de ces deux façons le but qu'il se propose est également atteint.

Les objets, à leur sortie de la cuve, sont placés soit sur des planches munies de petits clous disposés en triangle, si ce sont des plats, des assiettes et autres pièces planes, soit sur des lattes à claire-voie et le pied en l'air, s'il s'agit de vases comme écuelles, bols, coupes, tasses, etc.

La plupart des porcelaines communes sont livrées au commerce en blanc. Il en est de même pour la faïence très ordinaire. Seules les poteries opaques qui présentent quelque intérêt au point de vue de l'art, reçoivent une décoration de peinture. Si les couleurs avec lesquelles cette peinture est exécutée peuvent supporter un degré de chaleur très élevé, elles sont dites de *grand feu,* et le peintre décore la pièce sur l'*émail cru,* c'est-à-dire avant que celle-ci ait reçu la seconde cuisson destinée à fondre et à durcir l'émail. Si, au contraire, les couleurs employées sont sujettes à se volatiliser avant que la température nécessaire pour obtenir la fusion de l'émail soit atteinte, alors, après avoir donné à la pièce cette nouvelle cuisson, l'artiste peint sur l'émail durci son décor, qui se trouve ensuite incorporé à cet émail par un troisième passage à un feu assez doux qu'on appelle *feu de moufle.*

Jadis le nombre des couleurs de grand feu était fort limité, et c'est ce qui explique l'abondance de produits décorés par certaines fabriques en une seule couleur, généralement en bleu, et la supériorité des belles décorations en camaïeu, peintes à Rouen et à Moustiers (voir fig. 24) sur les produits polychromes de ces mêmes manufactures. Seuls au XVIIe et au XVIIIe siècle les faïenciers de Delft surent obtenir de cette palette restreinte des effets superbes (voir fig. 26).

Depuis cinquante ans, grâce aux recherches de peintres et de céramistes heureusement inspirés, parmi lesquels il convient de citer Joseph Devers, Laurin, Pinart, Jean, Bouquet, Deck, Lœbnitz, etc., grâce surtout aux progrès extraordinaires réalisés par la chimie, on est parvenu à développer singulièrement cet assortiment de nuances; et les couleurs aussi bien que les émaux mis actuellement à la disposition des peintres céramistes, leur permettent d'obtenir au grand feu, sans trop d'hésitation et de déboire, les décorations les plus brillantes et les plus compliquées.

Les principales matières colorantes employées aujourd'hui dans la peinture de faïence sont l'*oxyde d'étain*, qui communique l'opacité aux émaux vitreux, et constitue l'émail blanc; l'*oxyde de cuivre*, qui fournit du vert, du bleu, du pourpre, du rouge, dans des nuances d'une rare beauté; l'*oxyde de fer*, d'où l'on tire le rouge, le brun violacé, le rouge carminé, et qui dans les glaçures alcalines se colore en vert et en bleu, et dans les glaçures à base de plomb en jaune et en brun; l'*oxyde de chrome*, qui produit, outre le vert, le jaune, l'orangé, le rose et le rouge; l'*oxyde de cobalt*, d'où l'on tire ce bleu merveilleux qu'on appelle vulgairement bleu de Sèvres; l'*oxyde de manganèse*, qui communique aux glaçures alcalines une belle teinte d'un violet rougeâtre; l'*oxyde d'urane*, auquel on demande des jaunes tantôt pâles, tantôt orangés. Citons encore, parmi les matières colorantes dont se servent avec succès les peintres céramistes, les *chromates de fer et de plomb*, la *terre d'ombre*, le *pourpre de Cassius*, la *terre de Sienne*, les *ocres jaunes et rouges*, le *chlorure d'argent*, etc.

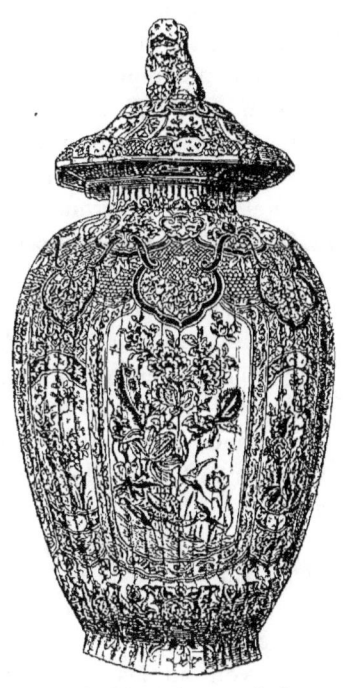

Fig. 26. — Potiche en faïence polychrome de Delft, décor au grand feu.

Toutes ces substances, épurées, rectifiées, sont réduites en poudre et délayées dans de l'eau, et ensuite appliquées avec des pinceaux très longs et très effilés. La principale difficulté que présente ce genre de peinture consiste dans la rapidité et la légèreté avec lesquelles l'artiste doit faire évoluer son pinceau. Le biscuit — nous l'avons dit et répété — est extrêmement spongieux. Il boit avec une rare avidité toute humidité avec laquelle il se trouve en contact; aussi ne faut-il pas, lorsque le pinceau est chargé de couleur, le laisser reposer un seul instant sur le fond, sans quoi la pâte fait l'office de buvard, et la pièce est maculée, salie et gâtée par ce que les enfants appellent des « pâtés ».

Cette disposition toute spéciale du champ sur lequel ils dessinent leurs sujets ou leurs ornements, a forcé les peintres céramistes à recourir à certains procédés qui facilitent leur besogne. Tout d'abord, quand ils veulent tracer sur une surface courbe ou autour d'un plat un ou plusieurs filets, ils font usage du *rouet à profiler*. Ce petit rouet est mis en mouvement par la main du décorateur. Celui-ci, au moment où le rouet tourne le plus fort, saisit un pinceau, appuie son bras de façon qu'il soit bien d'aplomb, et, approchant le pinceau de la pièce, le met en contact avec la terre. En un instant le filet se trouve tracé.

Quand, au lieu de filets, il s'agit d'une composition plus ou moins compliquée, d'une scène à personnages comme on en voit sur les vases d'Urbino ou de Nevers, d'ornements à grotesques comme sur les assiettes de Moustiers, ou d'un décor rayonnant comme sur les plats de Rouen, on se sert de poncis, c'est-à-dire qu'on prend une feuille de papier sur laquelle le modèle a été préalablement dessiné, puis piqué avec une aiguille fine. On applique ce papier sur le plat, l'assiette, le vase que l'on veut décorer; on le frappe avec un petit sac plein de poudre de charbon, en ayant soin de tenir ce sac bien serré contre la pièce, de façon qu'il ne puisse changer de place. Quand on l'a promené

FABRICATION 53

partout, on enlève le papier, et le modèle apparaît dessiné en noir sur le fond blanc.

Le peintre, ayant ainsi son contour tracé, le fixe à l'aide du pinceau, enlève le charbon avec un blaireau, et commence à peindre avec les diverses couleurs dont il dispose,

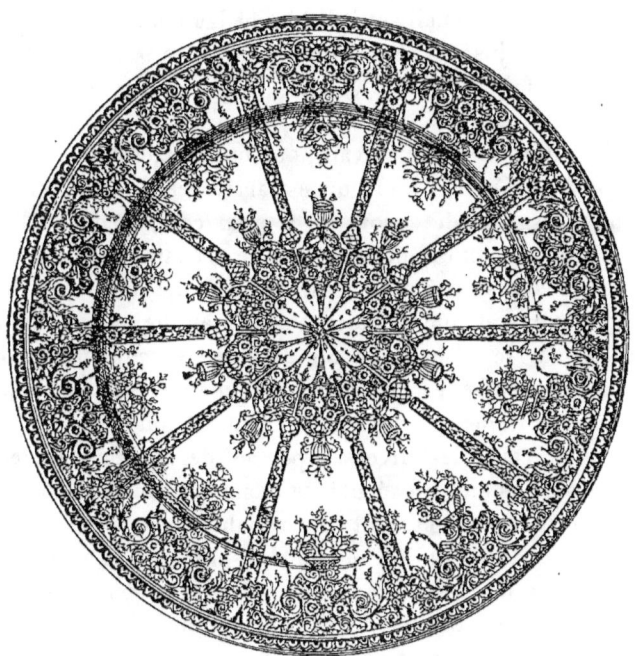

Fig. 27. — Plat de Rouen, à décor rayonnant, tracé au poncis.

ou, s'il exécute une peinture en camaïeu, s'occupe de faire les ombres, d'accentuer le modelé, en un mot de compléter son dessin. Mais il doit toujours procéder par touches franches, étendant ses tons avec une grande égalité ou traçant ses hachures avec une extrême légèreté, de façon à ne pas empâter sa composition. Malgré la difficulté que présente ce travail essentiellement ingrat, on arrive cependant à créer de la sorte des œuvres d'un indiscutable mérite.

Une fois la peinture achevée, un ouvrier spécial applique sur la pièce une nouvelle glaçure, destinée à donner à l'émail et aux couleurs un redoublement d'éclat. Cette opération s'exécute avec une brosse à poils durs, trempée dans un bain d'émail, et à l'aide de laquelle on asperge la pièce peinte jusqu'à ce qu'elle soit devenue tout à fait blanche. Cela fait, il n'y a plus qu'à la porter au four et à la faire recuire.

J'ai dit que le poncis avait pour but de faciliter le travail du peintre. De nos jours on est arrivé encore à simplifier la mise en place du décor. On a, pour cela, recours à l'impression. Sur une feuille de papier préparée, on imprime avec des couleurs céramiques un motif de dessin convenable, comme taille et comme sujet. Puis on applique la feuille de papier sur le biscuit, et on décalque la couleur encore toute fraîche. Celle-ci se trouve instantanément retenue par l'argile, et le peintre, revenant ensuite à loisir sur ce contour, en revêt les diverses parties de couleurs variées. M. Bracquemond a exécuté de la sorte pour M. Rousseau des services extrêmement remarquables.

Enfin il arrive qu'on moule des pièces d'une certaine importance dont la surface est couverte de compartiments qui, suivant les cas, se dessinent en relief ou en creux et forment ainsi une suite de cellules qu'on remplit d'émaux de nuances diverses. Par ce dernier procédé, qui les fait ressembler à des émaux cloisonnés, on produit souvent des ouvrages très décoratifs.

Ce même effet s'obtient, et d'une façon plus artistique, en traçant au pinceau une suite de traits en relief qui forment, eux aussi, une série de petites cellules dont les cavités sont garnies d'émaux alcalins transparents, tenant en suspension des oxydes métalliques. Ce genre de décoration permet des colorations d'une puissance et d'un éclat d'au-

FABRICATION 55

tant plus grands que la couche d'émail est plus épaisse. Ajoutons qu'on peut nuancer à l'infini ces émaux soit en les superposant, soit en les mélangeant avec une quantité plus ou moins considérable de fondant, et les modeler à l'aide de dessous blancs ou foncés présentant des reliefs plus ou moins sensibles.

Mais ces divers procédés, assez anciens comme prati-

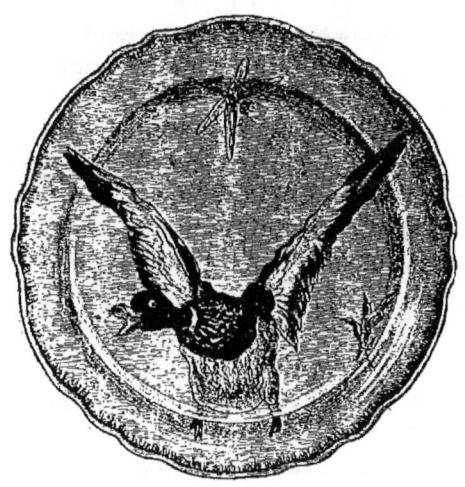

Fig. 28. — Assiette à décor imprimé, composition de M. Bracquemond.

que, puisqu'ils remontent à cinq ou six siècles, et pour quelques-uns aux Assyriens, ne suffisent point à donner aux porcelaines et aux faïences de prix ces tons éclatants qui distinguent les productions de nos grands céramistes modernes. Pour obtenir ces colorations à la fois chaudes, puissantes, et cependant d'une délicatesse singulière, on a recours à des tours de main plus compliqués.

La DÉCORATION SOUS COUVERTE (c'est le nom qu'on donne à cette ornementation brillante) ne peut être obtenue que sur des pâtes particulièrement siliceuses et calcaires, spécialement préparées à cet effet. Ces pâtes, généralement courtes et difficiles à travailler, sont, à l'état de biscuit, d'une grande blancheur et d'une belle sonorité. Toutefois pour la faïence on ne se contente pas de cette blancheur, et on « ennoblit » la partie extérieure de la pièce à décorer par l'apposition d'un engobe alcalin, dont la composition chimique réagit sur les couleurs et communique à celles-ci une pureté et un éclat plus grands, en même temps qu'il leur donne plus de profondeur. Cette apposition se fait soit par arrosement, soit par trempage. Une fois l'engobe appliqué, on le fixe par la cuisson et on décore.

Les couleurs dont on se sert pour peindre sur ce fond, sont mélangées avec un fondant composé pour les deux tiers de silex additionné de soude et de potasse, à peu près en parties égales, et d'une petite quantité de minium. Pour les employer, on les broie. On les délaye ensuite sur une glace polie, avec le couteau à palette et dans de l'eau gommée, destinée à prévenir leur absorption trop rapide par l'engobe. Puis on les applique au pinceau, en exécutant les contours d'abord, les modelés ensuite, et en évitant les empâtements, que la couverte ne pourrait entièrement dissoudre.

L'habileté du décorateur dans ce genre de travail est d'obtenir une ornementation brillante avec un nombre limité de couleurs. Ainsi que le remarque M. Charles Blanc, quelques teintes dominantes et quelques tons rompus, destinés à mettre ces teintes en valeur ou à former des transitions, suffisent souvent à donner l'impression d'un coloris opulent. C'est, du reste, le secret qu'ont si bien exploité les céramistes orientaux, et que M. Deck résumait en ces termes : « Ayons des couleurs franches et fières, et tâchons de les limiter le plus possible ; la décoration céramique fera grand effet. »

La couverte qu'on applique sur la peinture, une fois qu'elle est achevée, se compose généralement de 2/5 de minium, d'une quantité égale de sable, et pour le reste de potasse et de soude[1]. Pendant la seconde cuisson, cette couverte, outre qu'elle protège la peinture contre l'action du feu et empêche ainsi l'évaporation des oxydes métalliques, présente cette particularité qu'entrant en fusion elle dissout les couleurs qu'elle recouvre et se laisse pénétrer par leurs molécules dans toute son épaisseur. Il en résulte que les émaux acquièrent, par suite de cette pénétration, une profondeur et une transparence magnifiques.

On comprend, après cela, que plus la couverte est épaisse, et plus les tons sont vibrants. Malheureusement, lorsqu'elle est en excès, elle devient sujette à couler, et l'artiste doit appliquer toute son attention à lui donner le maximum d'épaisseur qui convient pour exalter les nuances, tout en évitant cependant les coulures.

Nous venons d'indiquer le rôle joué par les engobes terreux dans la décoration au grand feu sous couverte. On s'est aussi servi de ces mêmes engobes pour peindre directement les pièces céramiques. Dans ce but, on les délaye de façon à former une *barbotine* claire et onctueuse qu'on mélange avec diverses matières colorantes. Le résultat de ce genre de travail est rarement heureux. La *peinture à la barbotine* permet, il est vrai, d'imiter les effets de la peinture à l'huile et ses empâtements; mais son aspect est toujours terreux. Il manque, par conséquent, de franchise et d'éclat. En outre, l'enduit, quelque soin qu'on apporte à sa préparation, s'accorde rarement, comme composition, avec l'argile qui lui sert d'excipient. De là proviennent des *tressaillures* qui se manifestent à la cuisson, et une désagréga-

---

[1]. La formule de la couverte employée à Sèvres pour la porcelaine tendre, formule qui convient également à la faïence, est la suivante :

Minium	38
Sable	38
Potasse	15
Soude	9
	100

tion qui plus tard, sous l'action alternative du chaud et du froid, fait écailler la pièce.

Ces diverses manières de décorer la céramique appartiennent toutes à la peinture dite de *grand feu*. Cette qualification de grand feu est purement relative, car le degré de chaleur auquel les pièces sont soumises, dépend absolument de la composition de leurs pâtes et de leurs glaçures. Pour les poteries opaques ordinaires, cette température ne dépasse pas 700 à 800 degrés. Pour la porcelaine, elle est presque du double. On comprend, par cette différence, que la palette des peintres faïenciers est infiniment plus variée que celle des peintres porcelainiers de grand feu, car la plupart des oxydes colorants se volatilisent entre 800 et 1,500 degrés. C'est pour remédier à cet inconvénient qu'on a cherché, par des mélanges ingénieux, à obtenir une pâte translucide cuisant à une température intermédiaire, et c'est de ces recherches que sont nées la *pâte japonaise* et la *porcelaine nouvelle,* dont nous parlons dans notre second chapitre.

Mais avant qu'on fût arrivé à combiner les formules de ces pâtes, on s'était efforcé de remédier à la pénurie des couleurs de grand feu, par le procédé relativement récent de la *décoration en pâte sur pâte,* appliqué à Sèvres par M. Solon, et, longtemps avant cela, par l'incorporation au *feu de moufle* de couleurs surajoutées à l'émail.

Nous ne dirons que peu de chose de la décoration en pâte sur pâte, qui consiste à modeler avec un pinceau trempé de barbotine, sur un fond monté en couleur, de délicates figures se détachant en un blanc transparent et laiteux. Quant au feu de moufle, comme on n'a recours à lui que lorsque la pièce recouverte de son émail a passé une seconde fois au feu, nous remettons d'en dire quelques mots, après avoir parlé de la cuisson et des fours dans lesquels celle-ci s'effectue. Pour terminer ce chapitre, il ne nous reste plus qu'à décrire succinctement la dernière façon mentionnée plus haut de *glacer* la céramique.

Le POSAGE DE L'ÉMAIL PAR VOLATILISATION passe pour être le plus ancien des procédés de glaçure. Il consiste à remplir le four ou les *cazettes* d'une vapeur saline ou métallique qui, s'étendant sur les pièces portées à l'incandescence, vitrifie leur surface. Il s'exécute des deux manières suivantes : Dans le premier cas, vers la fin de la cuisson et lorsque le four est amené à sa plus haute température, on arrête le feu, on ferme toutes les issues et on projette à l'intérieur du sel marin, — qui, se décomposant au contact des pièces incandescentes, cède son alcali, lequel forme avec la silice de la pâte un enduit vitreux, mince et fortement adhérent.

Dans le second cas, on garnit l'intérieur des cazettes d'oxyde rouge de plomb ou d'oxyde de cuivre, matières vitrescibles et volatilisables qui, au cours de la cuisson, recouvrent d'une vapeur métallique les pièces contenues dans ces étuis, et en vitrifient la surface.

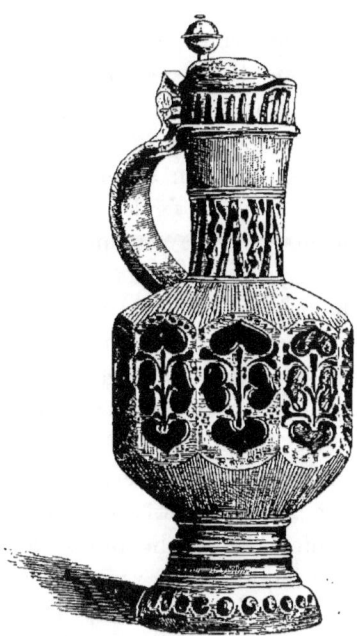

Fig. 29. — Petit broc en grès, glacé par volatilisation.

Le principal défaut que présente ce mode de glaçure, c'est l'irrégularité avec laquelle il s'applique; car toutes les parties de chaque pièce ne peuvent être exposées également à cette vapeur, dont il est impossible de guider la marche. Aussi ce procédé, à peu près abandonné, n'est-il plus guère en usage que dans la fabrication des grès cérames

V

LE FOUR, L'ENCASTAGE, LA CONDUITE DU FEU, LA CUISSON

Nous avons dit plus haut que les pièces, soit modelées, soit moulées, soit façonnées au tour, quand elles avaient acquis par la dessiccation le degré de résistance nécessaire, étaient portées au four et qu'une première cuisson les transformait en biscuit.

Nous avons également expliqué que dans nombre de cas le biscuit recevait une glaçure, une ornementation peinte et un émail, et que ce complément de décoration, ayant pour but de rendre la poterie imperméable et d'ajouter à sa beauté, se trouvait fixé par une cuisson nouvelle. Le moment est venu de dire quelques mots des fours dans lesquels on procède à cette double cuisson.

Les fours à poterie se composent tous de quatre organes principaux : le *foyer*, la *bouche*, le *laboratoire* et la *cheminée*. Le foyer est la partie qui reçoit le combustible et dans laquelle sa combustion s'opère. La bouche est l'ouverture par laquelle le foyer aspire l'air nécessaire à la combustion. Le laboratoire est le lieu où l'on dispose les pièces qui doivent subir la cuisson. La cheminée est le dégagement par où la fumée et les produits de la combustion s'échappent.

Mais ces parties nécessaires peuvent être groupées de façons différentes, séparées ou réunies, et affecter dans leur ensemble des dispositions diverses. Ainsi les anciens fours, aussi bien ceux des Égyptiens et des Romains que ceux du Moyen Age et de la Renaissance, étaient en forme d'un demi-cylindre disposé horizontalement, avec la bouche et le foyer à une extrémité et la cheminée à l'autre; tandis que, depuis deux siècles, les fours que l'on construit sont verticaux, parfois carrés, plus souvent ronds, construits en briques, et leurs murs très épais sont encore consolidés par une armature en fer très résistante. Cette maçonnerie — suivant ses dimensions et sa capacité — est percée à sa base en un ou plusieurs endroits de bouches nommées *alandiers,* par lesquelles le combustible est introduit dans le foyer situé au-dessous du four proprement dit. Ce foyer est recouvert par une voûte formant l'aire intérieure d'une grande chambre constituant le *laboratoire* et qui, elle aussi,

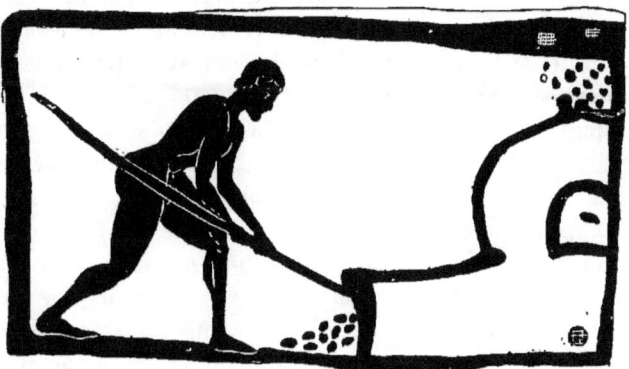

Fig. 30. — Potier grec attisant son four, d'après une plaquette antique.

est surmontée d'une voûte élevée. On pénètre dans le laboratoire par une porte assez large pour permettre d'introduire tous les objets, vases, vaisselles et poteries, destinés à subir la cuisson. Leur introduction constitue ce qu'on appelle l'*enfournement.* Au-dessus du laboratoire se trouve une troisième cavité, à laquelle on donne généralement le nom de *globe,* et qui affecte la forme d'une coupole percée à son centre par la cheminée[1].

C'est par cette cheminée et par des baies pratiquées dans

---

1. Le four que nous décrivons ici est un four simple. Il en existe de beaucoup plus compliqués et à étages multiples. On en trouvera la description dans les ouvrages spéciaux.

les voûtes et portant le nom de *carneaux* que s'échappent la flamme et la fumée fournies par le foyer, et c'est dans l'exacte proportion existant entre ces diverses ouvertures et les dimensions des alandiers, que réside, au point de vue de la cuisson, le bon fonctionnement du four.

On comprend, en effet, que si la section de la cheminée jointe à la surface des carneaux est de beaucoup inférieure à la somme des sections des alandiers, l'air dilaté par la chaleur s'écoulera difficilement, et que sa marche trop lente paralysera le tirage. Si, au contraire, la cheminée et les carneaux sont trop grands relativement aux alandiers, l'air échauffé ne fera que traverser le four et se précipitera au dehors sans avoir le temps de communiquer aux poteries le degré de chaleur nécessaire à leur cuisson. En outre, le tirage étant activé outre mesure, le combustible se trouvera dévoré avec une excessive rapidité.

Dans un four bien construit, l'entrée de l'air par les alandiers doit être réglée dans une proportion si juste, qu'une fois échauffé il demeure assez longtemps à l'intérieur du laboratoire, pour élever la température d'une façon toujours croissante. Ce résultat s'obtient en donnant aux issues par lesquelles la fumée et les produits de la combustion s'échappent, un tiers de plus comme dimensions qu'aux entrées ; parce qu'au cours de l'opération, le volume de l'air, par suite de la dilatation produite par la chaleur, s'augmente environ d'un tiers. Ajoutons qu'en dégageant ou en bouchant les carneaux, on peut accroître ou diminuer à volonté la sortie de l'air chaud et régulariser ainsi la marche de la cuisson.

Une fois le four construit et ses ouvertures bien réglées, il s'agit de l'utiliser, et pour cela de le remplir. Nous avons dit et répété que les poteries opaques reçoivent une double cuisson : la première qui les transforme en biscuit, la seconde qui incorpore à la pâte les vernis, émaux et peintures dont celle-ci est recouverte. Comme le degré de calorique

FABRICATION

auquel les émaux entrent en fusion est sensiblement supérieur à celui nécessaire pour cuire l'argile, on réserve le laboratoire placé juste au-dessus du foyer, pour les pièces à émailler, et on dispose dans le globe ou partie supérieure, les pièces appelées à recevoir leur première cuisson.

En outre, comme l'émail entrant en fusion produirait entre les pièces qui en sont chargées une adhérence qui ne manquerait pas de les coller ensemble, on a soin d'*encaster* celles-ci dans des *étuis* appelés *cazettes,* en les isolant avec soin. Pour cela, si ce sont des pièces plates, on les soutient à l'aide de petites chevilles nommée *pernettes*. Quand, au contraire, les pièces sont de forme compliquée, et ne peuvent être maintenues par des pernettes, on les place sur des plateaux nommés *rondeaux* ou *renversoirs,* saupou-

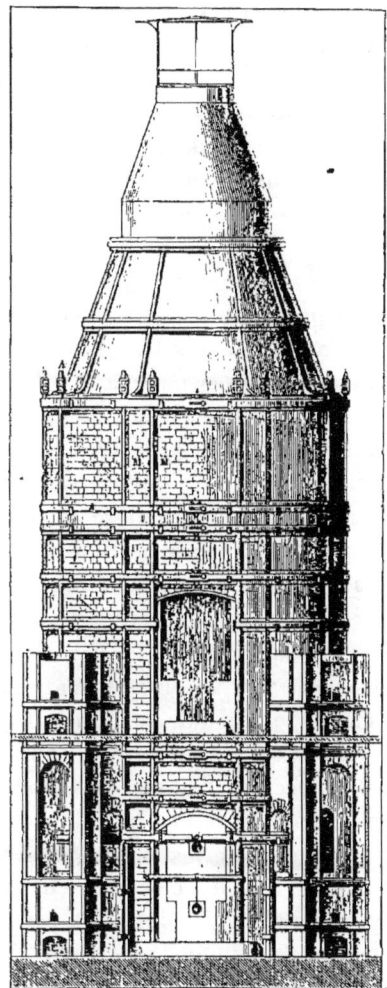

Fig. 31. — Four moderne à porcelaine, d'après Brongniart.

drés de sable fin, et qu'on dispose par étages dans les *cazettes,* après avoir eu soin, au préalable, de bien gratter le pied de chaque pièce avec un morceau de verre, pour enlever toute trace d'émail. De cette façon on évite que celui-ci, entrant en fusion, ne soude la pièce au rondeau. De même quand on loge plusieurs pièces côte à côte sur un même plateau, on prend bien garde, pour prévenir toute adhérence, de les mettre à une distance suffisante les unes des autres. Enfin, pour économiser la place, on loge souvent de petites pièces dans les grandes, en les isolant toutefois, au moyen de menues cales en terre cuite, nommées *colifichets,* dont les arêtes très aiguës n'établissent entre ces divers objets que des points de contact à peine visibles.

Lorsque toutes les cazettes ont été enfournées, si elles ne montent pas jusqu'à la voûte, on établit au sommet des piles qu'elles forment, une sorte de plancher fait avec des tuiles bien plates, et sur ces tuiles, comme dans le *globe,* on empile en *échappade* toutes sortes de pièces destinées à recevoir leur première cuisson. C'est-à-dire qu'on glisse les petites pièces entre les plus grandes; on garnit les vases, les pots, les cuvettes, avec d'autres objets de moindre volume, de manière qu'il ne reste aucun vide, et qu'il n'y ait pas de place perdue. La seule précaution à prendre, c'est d'éviter un entassement exagéré, qui amènerait l'écrasement ou la déformation des pièces inférieures.

Une fois le four rempli, on ferme la porte en construisant avec des briques ordinaires un mur sans liaison. Ce mur achevé, on l'enduit à l'extérieur avec un mortier fait de débris de poteries mélangés avec du sable. Puis, lorsque la porte est bien close, on commence à allumer le feu. La première chauffe doit être douce et durer de cinq à six heures. Au bout de ce temps, le chauffeur élève devant la bouche des alandiers un petit mur qui sert à régler l'entrée de l'air dans le foyer, et à protéger les *cuiseurs* contre la réverbération et les ardeurs de la flamme. Puis, progressivement, il alimente le feu de plus en plus, introduisant, à l'aide de longues pinces, les bûches dans le foyer, attisant

FABRICATION 65

et distribuant les matières incandescentes à l'aide d'un crochet, et les répartissant de façon à égaliser partout la température, mais sans trop accélérer toutefois la combustion. C'est ce qu'on appelle donner le *petit feu*. Ce *petit feu* doit durer de douze à quatorze heures, car dans toute cuisson céramique il faut chauffer toujours avec ménagement.

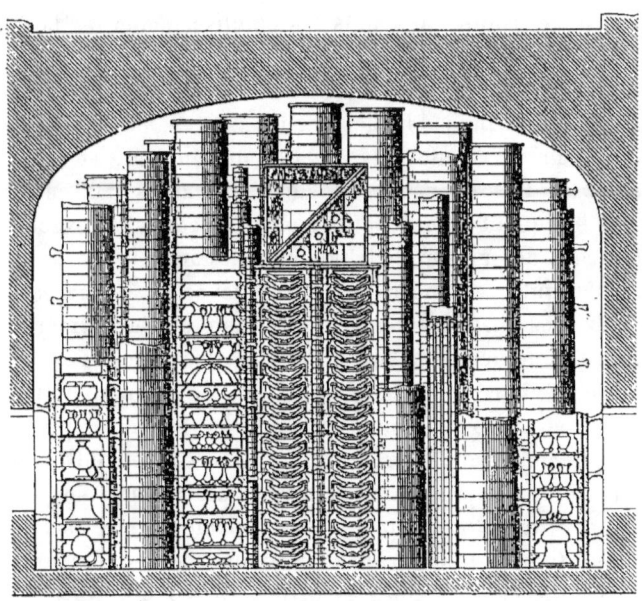

Fig. 32. — L'encastage dans le four, d'après Brongniart.

Lorsque le feu a acquis la température du *rouge-cerise*, on commence le *grand feu*, qui continuera de douze à vingt heures, temps nécessaire pour obtenir un bon résultat. Ce temps varie, en effet, selon la construction du four, l'état de la température, la nature des pâtes céramiques, la qualité des émaux. Quand le chauffeur veut être exactement renseigné sur la marche de la cuisson, il examine, par des *visières* ménagées dans diverses parties, quel ton revêtent les pièces enfermées. Suivant qu'il les voit rouge sombre, rouge-cerise, rouge-blanc, blanchâtres, incandescentes, il connaît la force de son feu et le degré d'avancement de la cuisson. Dans les grandes manufactures, on se rend compte aussi de la température intérieure du four à l'aide d'appareils savants et compliqués. Tels sont le pyromètre d'argile construit par Wedgwood, les pyromètres de platine, etc. Enfin dans tous les établissements où la fabrication est soignée, on fait usage de *pyroscopes*. Ce mode d'information consiste à placer à l'intérieur du four, et de façon qu'on puisse facilement les retirer, de petites pièces de céramique conformes à celles qui cuisent, et nommées *montres*. Les changements successifs subis par ces montres indiquent la marche du feu et font connaître exactement le degré de cuisson de la poterie qui garnit le four.

Dès qu'on estime la cuisson achevée, on débarrasse le foyer des matières en ignition, afin de supprimer toute cause de fumée. On bouche ensuite les ouvertures de manière à éviter les courants d'air, qui, en amenant un refroidissement trop rapide, pourraient faire briser les pièces ou craqueler l'émail. Puis, quand le four est refroidi, c'est-à-dire après un jour ou deux, on détruit la partie supérieure du mur qui clôt la porte. Le troisième jour on achève la démolition, et le quatrième on commence le défournement.

Les pièces sont alors assorties. Celles qui sont à l'état de biscuit sont placées en réserve pour être livrées, s'il y a lieu, aux émailleurs et aux décorateurs; les autres sont destinées à la vente.

J'ai remis à ce moment, de parler de la moufle et de son usage. Il faut donc en dire quelques mots, et c'est par là que nous terminerons ce chapitre.

Alors que certaines des couleurs employés à la décoration des pièces céramiques bravent impunément les ardeurs du *grand feu,* d'autres, au contraire, ne peuvent soutenir de très hautes températures et se volatilisent avant même que les premières n'entrent en fusion. Il résulte de cette inégalité de fusibilité, que pour pouvoir exécuter certaines peintures compliquées sur porcelaine ou sur faïence, on doit soumettre successivement les diverses couleurs qui servent à confectionner ces peintures, à des températures appropriées à leur composition chimique.

Naturellement, on commence par l'application des nuances capables de supporter le degré de calorique le plus élevé. C'est ainsi qu'on revêt tout d'abord la pièce des différentes couleurs qui résistent au *grand feu*, puis on applique progressivement celles qui sont plus fusibles et, par une suite de cuissons, on les amalgame les unes après les autres à la couverte.

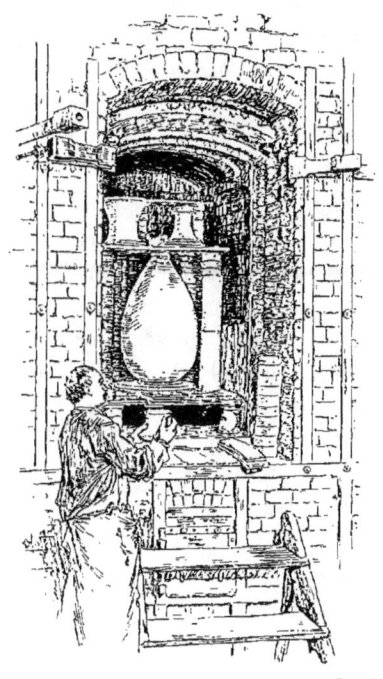

Fig. 33. — Enfournement d'une moufle.

Ces cuissons successives s'opèrent dans des moufles.

La MOUFLE est une espèce de compartiment rectangulaire, voûté à sa partie supérieure. Elle est faite d'une argile de bonne qualité, pouvant supporter un feu très élevé sans se ramollir, et surtout ne contenant ni chaux, ni pyrites, ni bitume, qui, sous l'action de la chaleur, pourraient altérer les couleurs. Elle est naturellement munie d'une porte qu'on ferme hermétiquement au moment de la cuisson, en la lutant avec de la terre à four, pour empêcher autant que possible la fumée et les vapeurs de s'introduire à l'intérieur. La moufle constitue ainsi un petit *laboratoire* dans lequel on dispose les objets à décorer.

Cette opération, qui s'appelle l'*emmouflement,* réclame certaines précautions. S'il n'a à emmoufler que des pièces destinées à être dorées, le cuiseur peut, sans inconvénient, les serrer les unes contre les autres; mais si ces pièces sont chargées de peintures, il doit laisser entre elles une certaine distance, pour que les essences puissent s'évaporer sans réagir sur les colorations voisines.

En outre, comme la répartition de la chaleur ne s'opère pas partout d'une façon égale, il doit se rendre compte, aussi exactement que possible, de la distribution du calorique, et placer ses pièces de manière qu'elles reçoivent précisément le degré de température nécessaire. Enfin il doit les disposer de telle sorte, que les poussières qui pourraient pénétrer dans la moufle au moment où les couleurs sont en fusion, ne viennent pas tomber sur les parties peintes et les gâter ou les salir.

On distingue deux sortes de moufles : les *moufles fixes* et les *moufles mobiles*.

La moufle fixe est enfermée à demeure dans une sorte de four dont elle occupe le centre. Ce four comporte un foyer avec grille placé au-dessous de la moufle, et une cheminée située au-dessus. Il est, en outre, enveloppé de murailles solides et disposées de façon que la flamme puisse librement circuler entre les parois de la moufle et celles du mur qui l'enveloppe.

Les moufles mobiles, à peu près délaissées aujourd'hui, sont confectionnées d'après le même principe ; mais elles sont montées sur un traîneau de fer, que l'on introduit dans un long fourneau à alandiers latéraux et foyer inférieur. Dans l'un comme dans l'autre système, la marche de la cuisson est surveillée, par le cuiseur, au moyen de montres ou de pyroscopes, ainsi que nous l'avons expliqué plus haut.

Telles sont les principales opérations auxquelles donne lieu la création des pièces céramiques. En nous efforçant de les retracer aussi clairement que possible, mais d'une façon forcément très succincte, nous n'avons jamais eu la

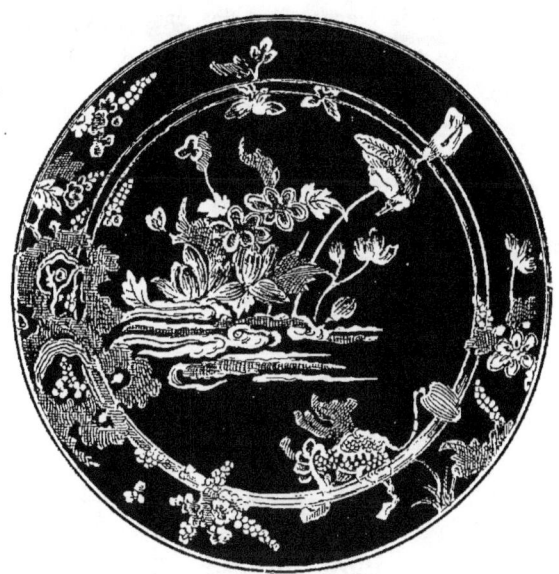

Fig. 34. — Plat de Delft à fond noir, décoré au feu de moufle.

prétention de former des céramistes. Indépendamment de connaissances toutes spéciales que nécessite l'exercice de cette artistique profession, chacune des manipulations que nous venons de décrire réclame, en effet, un patient apprentissage et une longue pratique.

La composition et la préparation des pâtes, leur façonnage, leur décoration, exigent, aussi bien que la conduite du feu, une expérience particulière, que la lecture d'un manuel, quelque consciencieux qu'il puisse être, ne saurait remplacer. Notre but, infiniment plus modeste, sera atteint si nos lecteurs, après avoir suivi l'analyse de ces opérations, aussi variées que délicates, se rendent un compte à peu près exact des diverses phases que traverse la fabrication d'une pièce de céramique.

Cette connaissance est, en effet, indispensable pour bien se pénétrer des difficultés toutes spéciales que présentent la Composition et la Décoration des vases, sujet principal de cet ouvrage, et dont nous allons maintenant dire quelques mots.

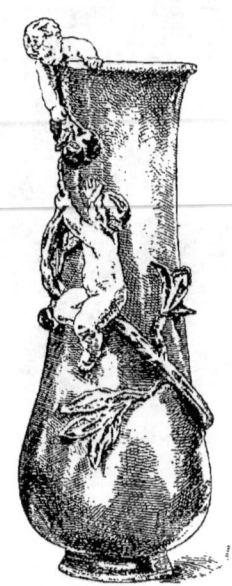

Fig. 35. — Porte-bouquet en faïence.

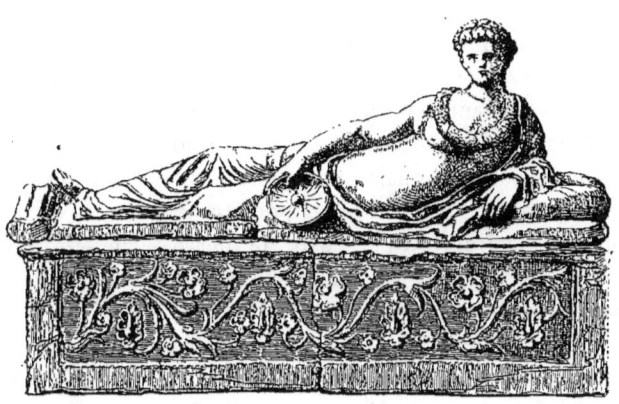

Fig. 36. — Mausolée étrusque en terre cuite. (MUSÉE DU LOUVRE.)

VI

DE LA COMPOSITION ET DE LA DÉCORATION
DES PIÈCES CÉRAMIQUES

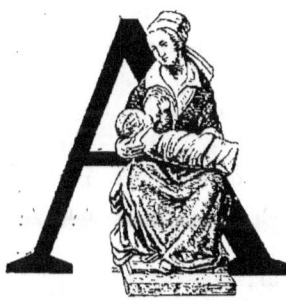PRÈS avoir passé en revue, aussi rapidement qu'il nous a été possible, la partie technique de notre sujet, c'est-à-dire après avoir envisagé tout ce qui a rapport à la fabrication proprement dite, nous allons maintenant essayer de déterminer les lois qui, au double point de vue du goût et des convenances, doivent présider, dans la production des pièces céramiques, à l'établissement rationnel des formes et à l'heureuse répartition du décor.

En premier lieu, il nous faut constater que de tous les *Arts de l'Ameublement,* la Céramique est assurément celui qui réclame le plus de connaissances et les plus variées.

C'est le seul qui, dans un petit espace, mette à contribution l'architecture, la sculpture et la peinture. En outre, ces trois arts ne sauraient rien produire de beau ni de durable, s'ils ne sont secondés par des notions suffisantes de chimie, et par la connaissance des tours de main, des procédés usités depuis des siècles pour transformer une argile molle et plastique en une sorte de pierre résistante, pour couvrir cette pierre de couleurs et d'émaux égalant en éclat les gemmes les plus précieuses.

« La supériorité des artistes attachés à la Manufacture ci-devant Royale, écrivait Mérimée en 1848, dans son lumineux rapport sur la Manufacture de Sèvres, cette supériorité est due principalement à ce qu'élevés pour ainsi dire dans cet établissement, formés par une lente succession de travaux gradués et en contact continuel avec les chimistes chargés des manipulations, ils acquièrent la connaissance pratique et complète des ressources et des difficultés de l'art auquel ils sont voués. Il faut que les relations soient continuelles entre les artistes et les chimistes. Les premiers doivent préciser leurs besoins, les seconds diriger leurs recherches pour y satisfaire... Il faut une alliance étroite entre l'art et la science. On a vu ses heureux résultats. »

On ne saurait mieux dire. Une coopération de tous les instants est indispensable entre les arts et les sciences que nous venons d'énumérer, ou du moins entre ceux qui, les exerçant individuellement, concourent, chacun dans la limite de ses connaissances et de ses moyens, à la production d'une œuvre céramique importante. Car on ne peut espérer qu'un seul homme résume en soi, et à un point éminent, un nombre aussi grand de facultés différentes[1].

---

1. Cette constatation n'a rien de particulièrement nouveau. Jérôme Cardan, en effet, écrivait au XVIᵉ siècle : « La pure poterie dite plastique est le plus difficile de tous les arts... Le potier a toutes les difficultés de celui qui engrave (modèle), et outre cela il a la disposition

Pour établir la forme générale d'un vase, pour en bien asseoir la structure, pour procéder scientifiquement à la répartition de ses diverses parties et à la division des espaces qu'il présente, il faut, en effet, être architecte, et architecte de talent; sculpteur pour modeler les parties en hors-d'œuvre et les gracieux reliefs qui viendront parer la forme de ce vase; peintre pour appliquer sur ces ornements et faire jouer sur les fonds le magique rayonnement des émaux. Et, ne craignons pas de le dire, on doit encore être chimiste, pour savoir ce qu'on peut exiger de la plasticité de certaines argiles, de la résistance de certains mélanges, et ce que donneront, comme effet final, les couleurs composant cette palette céramique à laquelle les caresses d'un feu violent sont nécessaires pour qu'elle puisse revêtir son prismatique éclat. Enfin tous ces talents si spéciaux, si variés, risquent d'être mis inutilement à contribution et d'être dépensés en pure perte, s'ils ne sont guidés et dirigés par un potier très expérimenté, capable de prévoir, à travers les transformations que sa pièce subit au séchage et à la cuisson, les effets du retrait, les affaissements, les déformations qui peuvent se produire; de les prévenir dans la mesure du possible, et d'assurer à ses formes une stabilité, un aplomb, qui défient les accidents.

Ajoutons qu'indépendamment de cette variété de problèmes déjà suffisamment complexes, le céramiste est encore soumis à d'autres préoccupations. Les unes naissent des convenances qu'il est obligé de respecter, les autres de la matière même qu'il met en œuvre, matière qu'il n'est pas toujours libre de choisir, mais que, le plus souvent, nous l'avons dit plus haut, des circonstances particulières lui imposent.

de la matière, la cognoissance de la température du feu, et le péril de plusieurs cas fortuits presque inumérables. » (*Les Livres de Hiérosme Cardanus, médecin milannois, traduits du latin en françois par Richard Le Blanc*; Paris, 1566; p. 389, *a. b.*)

Plus que tout autre produit, la céramique, par sa fragilité même, est soumise aux fluctuations du goût et aux caprices de la mode. Qu'elle relève du service de la table, qu'elle ait à pourvoir aux besoins de la toilette, qu'elle remplisse dans la maison ou au dehors un devoir de pure décoration, toujours elle doit se conformer, dans le rôle qui lui est assigné, à des nécessités d'un ordre particulier, et qui influent sur la forme imposée à ses productions, aussi bien que sur le décor dont elle les pare. C'est, au surplus, ce qui donne aux produits céramiques un attrait si grand, un charme si spécial. L'observateur y trouve comme un reflet des mœurs, des caractères, des préoccupations particulières aux peuples et aux époques qui leur ont donné le jour. Si bien que l'examen attentif d'une collection bien faite de pièces céramiques équivaut à une leçon d'histoire.

Il en est de même pour la mise en œuvre des diverses matières dont les céramistes exécutent leurs ouvrages. Chaque sorte de pâte, suivant sa composition chimique, suivant les mélanges dont elle est formée, et les préparations qu'ont subies ces mélanges, présente des qualités spéciales qui exercent sur son aspect final une influence décisive. Ainsi que le faisait remarquer en 1875 M. Lameire à la Commission de perfectionnement de Sèvres, lorsqu'on confectionne une pièce en porcelaine, il faut admettre comme un principe supérieur, que ni les couleurs, ni les émaux dont on la couvrira, ne doivent en masquer ou en déguiser la substance, « soit en la voilant complètement, soit en lui donnant l'aspect d'une matière étrangère ». La pâte de porcelaine, en effet, est assez belle, assez précieuse par elle-même, pour que sa pureté, sa translucidité, son éclat, ajoutent à la valeur de l'objet.

Nous avons vu, au contraire, que dans la fabrication des poteries opaques, la préoccupation majeure du céramiste est, dans la plupart des cas, de dissimuler les imperfections de sa pâte sous des engobes, des peintures, des émaux qui la cachent entièrement. Si bien que le faïencier considère chaque progrès réalisé dans ce sens, comme une indiscutable victoire.

Voilà donc déjà deux points de vue très différents et même contradictoires.

Imaginons maintenant qu'au lieu de porcelaines ou de faïences nous ayons à confectionner un de ces vases en biscuit, c'est-à-dire en poterie rouge ou brune, sans émail, sans couverte, comme les ouvrages si nombreux et si remarquables que nous ont laissés les Grecs et les Romains. Ici point de couleurs brillantes, pas d'émaux éclatants. Nous n'avons pas non plus affaire à ces pâtes « dont les fonds transparents » peuvent, suivant l'heureuse expression de M. Deck, revêtir « l'aspect d'une pierre précieuse ». Tout l'intérêt que présentera l'œuvre, tout son charme, toute sa valeur, vont dépendre uniquement de sa forme; et la détermination de cette forme, c'est-à-dire son architecture, occupera le premier plan. Grâce à l'absence de tout émail, de toute glaçure, elle conservera sa finesse et son accent, alors que dans une faïence elle se trouverait non seulement empâtée par l'adjonction des couleurs et de la couverte, mais encore dénaturée par les reflets des émaux.

On voit par ces quelques observations combien la nature des matières employées influe sur l'esthétique même de la céramique. Or, par un curieux retour, la destination des pièces à fabriquer, la place qu'elles doivent occuper, la distance à laquelle elles seront contemplées, commandent d'une façon non moins pressante le choix de la matière à employer.

Supposons, par exemple, que nous ayons à fabriquer un vase, et que ce vase soit destiné à être vu d'assez loin. Ce que notre œil le contemplant à distance saisira tout d'abord, c'est l'effet produit par l'ensemble. Estompés par les couches d'air qui s'interposent, les détails de l'ornementation se perdent et « se noient » dans la masse. Les reflets, en outre, qui s'accrochent à toutes les saillies, les *luisants* qui tracent sur les champs leurs traînées lumineuses, les ombres graduées qui modèlent les courbes, tous ces jeux de lumière coupent l'ornementation et dénaturent le décor.

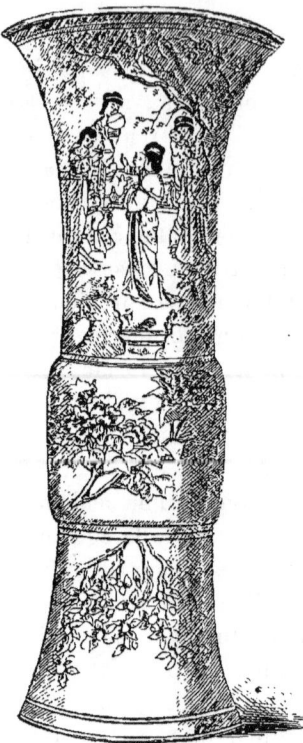

Fig. 38. — Cornet en porcelaine de Chine.

Dans un vase et dans un objet destinés à être envisagés de loin, c'est la forme, le galbe, la masse, qui priment le reste. La décoration, par conséquent, doit être simple. Elle doit présenter de grands partis, et se tenir à l'unisson de la forme, qui, elle aussi, sera large d'exécution, grasse et savoureuse.

L'objet, au contraire, est-il appelé à être contemplé de près, à être *tenu sous l'œil,* c'est surtout par le détail de l'exécution qu'il a chance de nous séduire. L'ornementation, dès lors, prend une importance dominante. La forme n'est plus, en quelque sorte, que le cadre qui la limite. Cette forme, autant que possible, sera élégante, délicate, cherchée, aimable, parce que rien dans un objet d'art ne doit être négligé. Il lui faut, en outre, être nette, très arrêtée, très fermement écrite, parce que tout objet placé près de l'œil est forcément précis. Mais elle peut être aussi d'une extrême simplicité. Nous possédons de modestes cornets, de vulgaires cylindres en porcelaine de Chine ou du Japon qui, grâce à la débordante variété, à l'extrême finesse de leur décoration, ou encore à l'éclat rutilant des oxydes dont ils sont revêtus, sont autant estimés des amateurs que les vases les plus élégants comme formes et les plus gracieux comme contours.

Ainsi, nous voilà encore avec deux points de vue diamétralement opposés, qui commandent l'emploi de matières différentes. Il est clair, en effet, que les pâtes translucides, les porcelaines avec leurs profils nets et précieux, leurs surfaces lisses et brillantes, et la délicate finesse que comporte leur ornementation, conviennent admirablement pour la confection de ces ouvrages exposés à être tenus à la main et contemplés de très près; alors que la faïence, avec ses formes amples et grasses, remplit bien mieux les conditions indispensables aux grandes pièces appelées à n'être vues qu'avec un certain recul et à une distance de plusieurs mètres.

Faute de prendre ces précautions, les céramistes même les plus habiles, même les plus distingués, s'exposent aux mécomptes les plus graves. S'il en fallait un exemple, et un exemple topique, il serait facile à produire. Il nous suffirait de considérer le vase fameux qui fut exécuté à Sèvres pour consacrer le souvenir du *Passage de Vénus devant le Soleil*. La composition de cette œuvre magistrale fut, en 1879, l'objet d'un important concours. Le vainqueur, M. Chéret, artiste de mérite et déjà connu par de remarquables vases en métal, obtint, avec le prix, le suffrage de tous les connaisseurs. Les artistes les plus distingués de la Manufacture de Sèvres furent appelés à traduire en porcelaine et en bronze doré, cette pièce considérable et qui devait faire époque. La fabrication en fut « suivie et approuvée jusque dans ses moindres détails par l'auteur lui-même ». Il fallut presque cinq ans pour mener à bien cette entreprise mémorable. Or, quand l'ouvrage fut enfin achevé, la Commission appelée à donner son avis sur ce grand effort, « tout en reconnaissant la belle fabrication et l'importance de cette œuvre capitale », ne put s'empêcher de regretter que l'effet général de la décoration ne répondît pas « à ce que faisait espérer le projet couronné [1] ».

Ce vase est aujourd'hui placé dans le vestibule de la Bibliothèque Nationale. Tout le monde peut l'y voir, et personne ne contestera la légitimité des critiques de la Commission. L'ensemble de ses colorations semble terne, veule, délavé. Le sujet principal, exécuté en pâtes d'application, se détache d'une façon insuffisante sur les rondeurs de la panse. A cinq pas il cesse même d'être lisible. Ainsi à cette distance (celle du reste à laquelle on doit la contempler pour l'envisager dans son ensemble) la composition qui est chargée d'expliquer la raison d'être de ce vase, et de symboliser l'événement auquel il dut de voir le jour, présente un aspect confus, alors que la forme générale se découpe avec une précision de contours voisine de la dureté et même de la sécheresse.

Si j'insiste autant sur cette œuvre imparfaite, c'est qu'elle constitue peut-être le plus mémorable exemple des erreurs que les artistes les plus éprouvés sont exposés à commettre, quand ils oublient de se conformer à certaines règles et de respecter certaines convenances. La confusion des genres, qui est la conséquence fatale de cet oubli, est féconde en résultats désastreux.

Rien n'avait été négligé pour faire de cette vaste pièce une œuvre qui fît époque dans l'histoire de la Manufacture de Sèvres. Son prix de revient aurait, à lui seul, suffi à la classer parmi les ouvrages de ce genre les plus précieux. Malheureusement on employa à la fabriquer une matière admirable, fine, délicate, mais qui, justement à cause de sa finesse, de sa délicatesse, demandait à être regardée de près, et il n'en fallut pas davantage pour produire une discordance, qui amoindrit l'effet de cette œuvre si laborieusement conçue, si coûteusement exécutée.

1. *Rapport* de M. du Sartel.

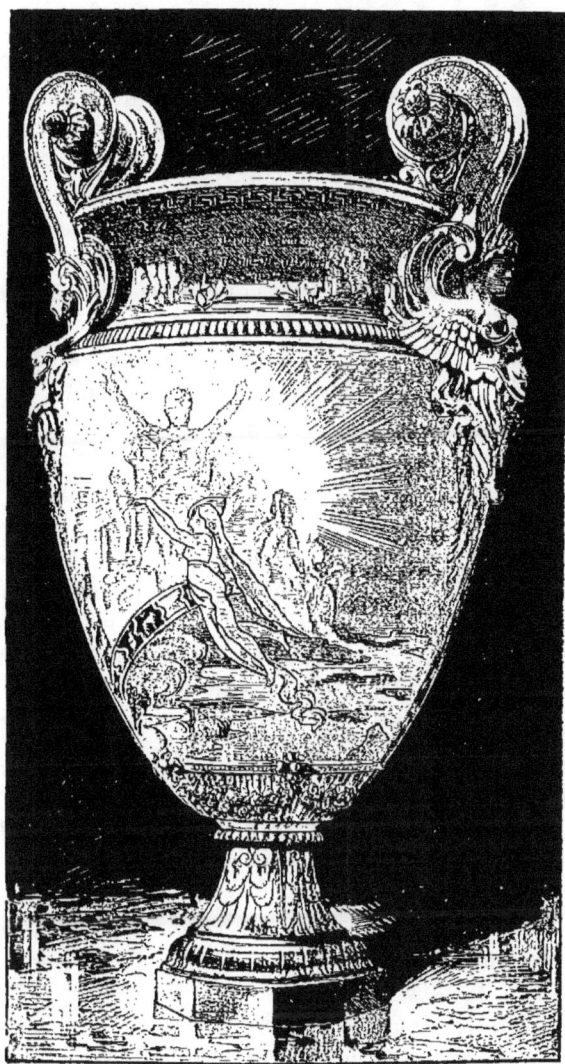

Fig. 39. — Grand vase en porcelaine, fabriqué en commémoration du *Passage de Vénus devant le Soleil*.

Cette mémorable erreur doit être pour nous pleine d'enseignements. Elle nous apprendra notamment que la matière dans laquelle on confectionne une pièce céramique n'est pas sans influence sur son effet final. Elle nous fera souvenir que, tout en respectant l'accord indispensable entre la forme et la décoration, lorsqu'une pièce est appelée à être vue de loin, son architecture prime le reste; qu'à une distance moindre, la sculpture réclame ses droits, et qu'enfin si la pièce doit être considérée de très près, le premier rôle appartient de droit à la peinture.

On entrevoit par ces remarques avec quelles complications, avec quelles difficultés est tenu de compter l'artiste auquel on demande de composer le modèle d'une pièce céramique. Il en est d'autres encore dont nous aurons lieu de nous occuper au cours des chapitres qui suivent. Mais, bien loin de nous rebuter, ces complications, ces difficultés éveilleront notre curiosité, piqueront notre amour-propre; car ce sont elles qui donnent aux études céramiques leur charme si pénétrant, leur passionnant intérêt.

Pour arriver plus facilement à la solution de ces multiples problèmes, il importe toutefois de procéder avec ordre et avec méthode. Pour ne point s'égarer dans un aussi vaste sujet, il convient d'établir une série de grandes divisions, et de grouper — au point de vue plastique — les différentes spécialités et les principaux emplois auxquels la céramique doit pourvoir. C'est, croyons-nous, le meilleur moyen de déduire des règles générales nous permettant de résoudre un foule de cas particuliers.

Ces principales divisions seront, si l'on veut bien, les suivantes :

1° La Céramique architecturale;
2° La Composition des vases;
3° Leur Décoration;
4° La Céramique d'usage.

VII

LA CÉRAMIQUE ARCHITECTURALE

La céramique architecturale, bien que dans nos divisions elle ne forme qu'une classe, peut cependant se diviser en deux sections particulières. Dans la première, l'argile cuite, monochrome ou revêtue de couleurs variées, émaillée ou non émaillée, fournit la matière même de la construction. Dans la seconde, l'argile, émaillée ou non émaillée, polychrome ou monochrome, est employée uniquement sous forme de *parement* et remplit le rôle de pavement ou de revêtement.

Dans ces deux cas, la céramique fait partie d'un ensemble. Elle se trouve, par conséquent, en tant que dimensions et que formes, strictement subordonnée aux nécessités de la construction; et comme sa décoration doit, à son tour, procéder de sa forme, il paraît assez difficile de fixer *à priori* des règles à peu près certaines, sur la façon dont elle doit être mise en œuvre et employée. Chaque emploi spécial qu'on en fait, se trouve, en effet, régi par des exigences particulières qu'il est impossible de déterminer. Aussi est-ce à peine si l'on peut citer un petit nombre de prescriptions générales, dictées par le bon sens et consacrées par l'observation, qu'il soit permis, sinon de codifier, du moins de recommander à l'attention des intéressés, à cause du danger qu'on court toujours à les enfreindre.

Envisageons d'abord la première de nos deux sections, celle où la céramique fait partie intégrante de la construction même. Dans ce premier cas, l'édifice sort presque complet de la main du potier, mais celui-ci n'en est que l'auteur apparent. On ne peut lui refuser d'avoir été l'exécuteur de l'œuvre; il ne saurait prétendre en être « le maître », au sens ancien de ce mot. C'est à l'architecte que revient ce titre; c'est lui qui, en fournissant le plan et l'élévation de chacune des parties de l'édifice, a été le véritable inventeur de la forme, que, sur ses indications, le modeleur d'abord et le potier ensuite se sont chargés de réaliser.

L'Antiquité grecque nous a laissé un certain nombre de fragments d'architecture céramique extrêmement remarquables. On peut citer, entre autres, le chéneau du temple d'Apollon Lycéios de Métaponte, conservé à Paris au *Cabinet des Médailles;* la belle corniche ajourée du temple de Sélinonte, les antéfixes découvertes à Cervetri, etc., etc. Tous ces morceaux superbes, d'une belle allure, d'une exécution magistrale, sont bien sortis du four d'un potier; mais, ne craignons pas de le redire, ils sont l'œuvre très étudiée d'architectes éminents et de sculpteurs hors ligne. Le céramiste a prêté ses moyens, ses procédés, sa matière. La pensée, l'invention de la forme, son adaptation, l'application même du décor, appartiennent à d'autres artistes.

Ces artistes, toutefois, doivent exiger que l'œuvre du potier qu'ils inspirent et qu'ils dirigent, réponde à un certain nombre de conditions spéciales. Soit qu'elle constitue un faîtage, soit qu'elle joue le rôle de gargouille, de corniche, de chéneau; soit qu'elle serve d'amortissement à un toit ou à une lucarne; soit qu'elle s'infléchisse pour accompagner une baie, ou qu'employée à l'intérieur de l'habitation elle forme un chambranle, encadre une porte ou limite une cheminée, la céramique, dans ces divers cas, remplit une mission parfaitement définie. Elle poursuit un but d'utilité immédiate. Or cette utilité, qui est sa raison d'être, doit apparaître avec certitude, avec évidence. Toute disposition ornementale, toute combinaison décorative tendant à dissimuler ou simplement à déguiser ce rôle utile, doivent être tenues pour fâcheuses, pour condamnables, car elles empêchent de comprendre de suite l'importance du service rendu.

Comme conséquence, il importe que toujours la forme reste clairement écrite. Les reliefs, si la pièce en comporte, seront puissants et fièrement indiqués. La céramique, ne l'oublions pas, jouit, au point de vue de la solidité, d'une

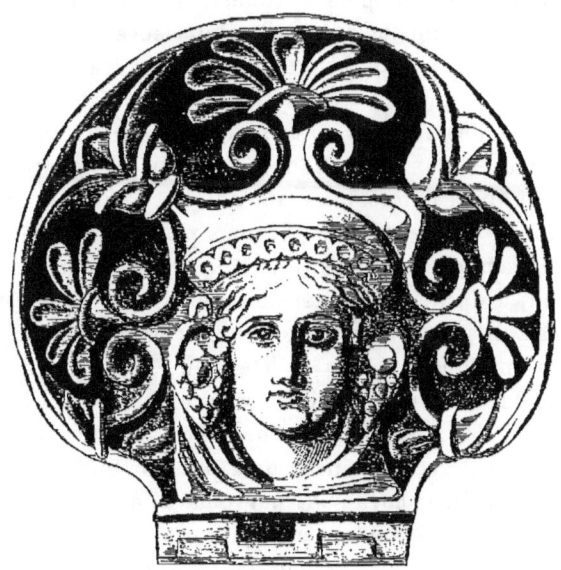

Fig. 40. — Antéfixe antique trouvée à Cervetri.

réputation douteuse. C'est pourquoi le sculpteur doit conserver à toutes ses saillies, quelle que soit leur importance, un aspect mâle, robuste, énergique. Il évitera donc avec soin tous les ornements maigres, délicats, aigus et par conséquent fragiles, ainsi que les détails compliqués, fouillés ou *feuillus* qui, rendant les lignes principales moins lisibles, empêchent de saisir la structure de l'ensemble. En un mot, il synthétisera son ornementation, c'est-à-dire qu'il la simplifiera et la ramènera à ses traits expressifs.

Enfin, pour ces ouvrages appelés à être contemplés à de grandes distances, la finesse, la beauté de la matière étant sans grande importance, puisqu'elles ne sauraient être perçues par le spectateur, l'argile à employer, pourvu qu'elle ait la plasticité nécessaire, pourra être assez commune. Les contours un peu gras qu'elle laissera aux pièces exécutées n'en montreront que plus de robustesse et de vaillance.

Comme élément de décoration intérieure, nous voyons également, dès la plus haute antiquité, la céramique orner d'une façon magistrale les surfaces les plus vastes. La frise magnifique des *Archers de Darius,* les superbes lions qui complètent cette décoration incomparable, montrent le parti que, bien longtemps avant notre ère, on a su tirer de ses étonnantes ressources. Si nous passons de ces frises, où la céramique joue encore le rôle de matériau de construction, à d'autres édifices moins anciens où elle est appliquée soit sous forme de mosaïque, comme dans la porte de Sidi-bou-Médine, près de Tlemcen, soit sous forme de parements, comme les belles frises exécutées à Florence par Lucca della Robbia, ou chez nous au château de Madrid, on peut se convaincre qu'à presque toutes les époques les constructeurs sont parvenus à égayer la monochromie de leurs façades, en mettant à contribution cette richesse de tons, cette variété d'aspect, que seule la céramique peut fournir.

Il y a même lieu de s'étonner, en présence de ces tentatives, que l'usage des terres cuites, et surtout des poteries émaillées, n'ait pas été plus considérable dans l'architecture. Mais il semble que ce soit justement cette propriété magique de garder éternellement leur superbe éclat, de conserver, en dépit des siècles, leur franchise de coloris, qui ait empêché leur emploi de devenir encore plus général. Le temps qui ternit tout, qui *culotte* à peu près également le marbre, la pierre, le bois et les habille de cette douce patine, à laquelle nos monuments un peu anciens doi-

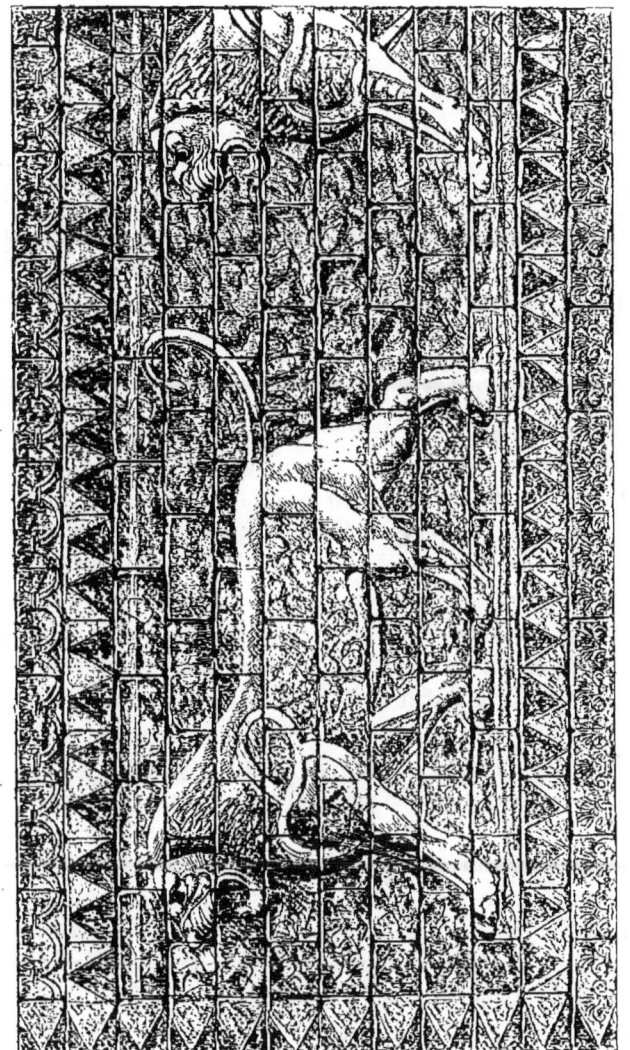

Fig. 41. — Frise des Lions. Palais de Darius. (MUSÉE DU LOUVRE.)

vent leur aspect harmonieux et captivant, le temps est, pour ainsi dire, sans effet sur la céramique. Il glisse sur son émail sans altérer la vivacité de ses tonalités vibrantes. Et cet éclat, cette fraîcheur persistante, produisent une discordance d'autant plus choquante, que l'action des ans s'exerce non seulement sur la coloration des autres matériaux, mais aussi sur leurs formes. Les contours du bois, les angles de la pierre, les profils du marbre, s'effritent à la longue ; leurs arêtes s'émoussent ; leurs grandes lignes abdiquent leur rigidité première. Seule la céramique conserve sa jeunesse, sa splendeur, son éclat.

Pour obtenir cet accord sans lequel il n'est pas de beauté en architecture, il fallait se procurer une matière dont la résistance fût égale à celle de la céramique, et dont l'immuable rigidité s'accommodât à son lustre éternel. Ce *desideratum* a été obtenu par l'emploi du fer. Le métal à la fois ductile et résistant servant désormais à former la carcasse de l'édifice, constitue le cadre souhaité dans lequel vient s'encastrer la décoration céramique. Et cette alliance d'une forme toujours précise et d'une coloration éternellement brillante, permet d'assigner à l'édifice le caractère qui lui convient, en le gratifiant, suivant sa destination et sa nature, d'une ornementation sobre ou chargée, gaie ou triste, simple et modeste, ou magnifique et triomphante.

Mais, quelle que soit la magnificence de cette décoration, il ne faut pas oublier qu'elle doit demeurer sagement subordonnée au caractère de l'édifice. Il lui faut, par conséquent, en respecter les grandes divisions, en accompagner les lignes principales, sans essayer de se substituer à elles. En un mot, elle doit rester strictement dans son rôle de parure, de vêtement, et ne jamais chercher à faire oublier la forme qu'elle est seulement chargée d'embellir. C'est pourquoi, jusque dans les constructions les plus riches et les plus luxueuses, il faut, même en faisant usage de tons fiers, modérer l'éclat et la richesse des émaux, atténuer la vivacité des colorations, et arriver ainsi à composer un ensemble qui soit doux à l'œil. Pour cela, il suffit d'apaiser les vibrations des couleurs par des analogies, au lieu de les exalter par le rapprochement de nuances complémentaires. L'impression défectueuse et le résultat criard produits dans un grand nombre de façades par l'emploi de décorations céramiques, proviennent, en effet, du peu de respect qu'on a pour cette règle fondamentale.

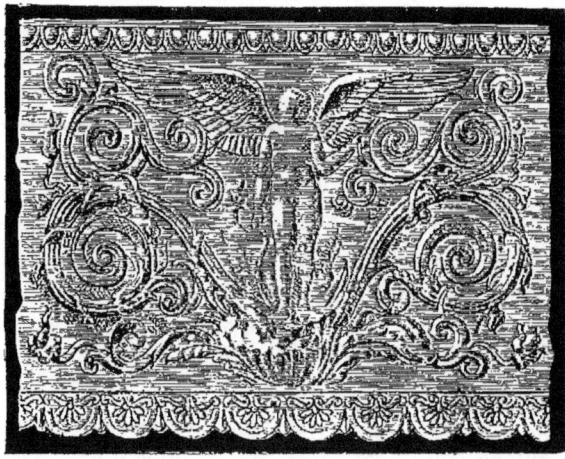

Fig. 42. — Plaque de parement en terre cuite (céramique romaine).

Hâtons-nous de constater que pour les décorateurs vraiment habiles, le double problème que nous venons d'indiquer n'a rien de particulièrement ardu. Pour arriver à donner une impression suffisamment décorative, et pour créer une belle ordonnance maintenue dans ses tonalités douces, assoupies, harmonieuses, il n'est pas nécessaire de se livrer à des combinaisons bien compliquées de formes et de couleurs. On l'a bien vu au Champ-de-Mars, lors de l'exposition de 1878. Toute la décoration de la façade principale était obtenue par l'encadrement dans une armature de fer gris-bleu de deux panneaux alternant. Chacun de ces panneaux se composait de six plaques ou carreaux figurant, par leur réunion, des fleurs et des oiseaux en relief. L'ensemble ne comportait que quatre couleurs : vert d'eau, rose de Chine, et bleu turquoise, se détachant sur un fond chamois. Mais ces quatre couleurs, aussi bien que le gris-bleu du fer, étaient rendues harmoniques par la *valeur* de leur tonalité. Ainsi quatre couleurs, six carreaux, deux panneaux, avaient suffi pour créer une ornementation grandiose et pour décorer avec richesse et sans monotonie un des plus vastes palais qui aient jamais existé.

Si nous passons des décorations extérieures aux carrelages et aux revêtements intérieurs, nous verrons que dans ce nouvel emploi de la céramique les mêmes règles sont encore à observer. Le mur, toutefois, étant appelé à se trouver en contact plus direct avec nos personnes et avec les meubles qu'il nous plaît d'appuyer contre lui, il faut, dans la décoration des parois, éviter avec soin non seulement les reliefs réels, mais encore les saillies apparentes ou simulées. En outre, la lumière atténuée par le peu d'étendue des baies, tamisée par les rideaux et par les vitrages, chargée le plus généralement de reflets, exige des colorations plus montées, moins fondues, des tonalités plus vibrantes.

Les Orientaux ont, de tout temps, excellé à produire de ces chaudes harmonies, et souvent avec des moyens singulièrement limités. Deux ou trois teintes bien franches et quelques transitions leur ont suffi pour donner l'impression d'un coloris opulent. Ils peuvent aussi nous servir de modèles pour le choix des motifs, qu'ils font sagement procéder de combinaisons géométriques, se gardant avec soin de toute imitation stricte de la nature. C'est, en effet, commettre une erreur que de prétendre représenter sur un revêtement céramique un spectacle naturel ou une scène historique. Les faïenciers de Delft y ont réussi, il est vrai, mais en exécutant leur composition en un camaïeu bleu, qui don-

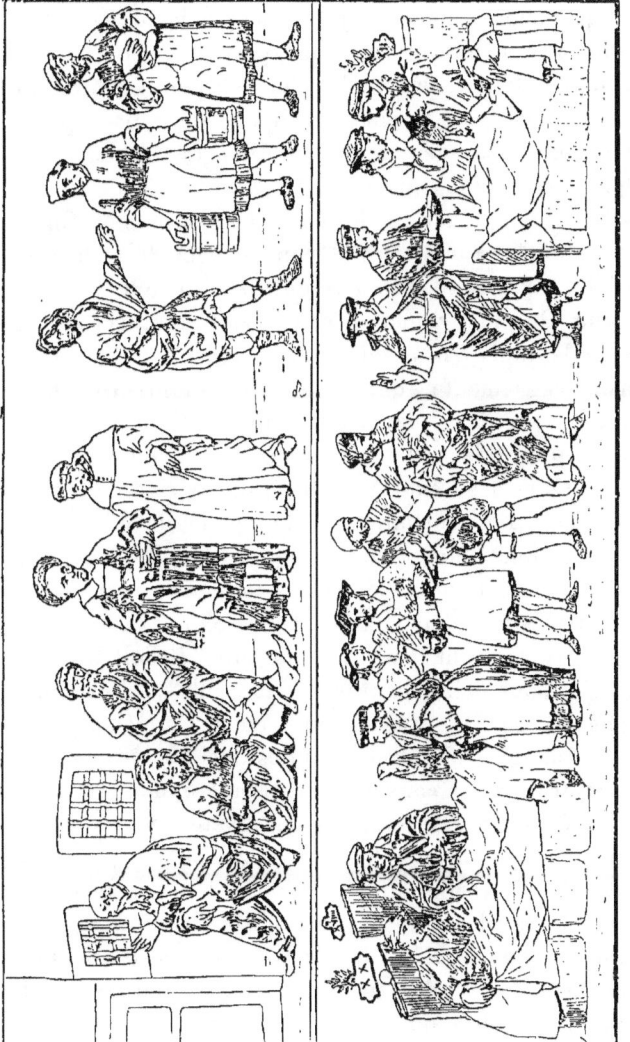

Fig. 43 et 44. — Frises en bas-relief de terre émaillée, par Giovanni della Robbia. (FLORENCE.)

naît à leurs tableaux un aspect suffisamment conventionnel pour qu'aucune illusion ne puisse se produire. Quant aux revêtements et aux carrelages polychromes, le coloris de la céramique diffère tellement de celui de la peinture ordinaire, que, même si l'on parvenait à éviter le découpage produit par le joint des carreaux, l'imitation des tableaux n'en resterait pas moins chimérique.

« Le peintre, ainsi que le remarque fort bien M. Charles Blanc, choisit sa lumière indépendamment de celle que le soleil lui envoie. Il crée à volonté sur sa toile le clair et l'obscur. De plus, comme il se propose de représenter les objets tels qu'ils paraissent être, il accuse les distances, il exprime vaguement ce qui est lointain, et il précise, au contraire, ses premiers plans. Pour faire tourner les objets, il rabat ses tons, il les reflète; pour passer de la lumière à l'ombre, il atténue ses teintes [1]. » Au céramiste rien de tout cela n'est permis. Il n'est maître ni de l'intensité de la lumière ni de sa direction. Il doit accepter le jour tel qu'il lui parvient, avec les atténuations et les reflets imposés par des servitudes variées et indépendantes de sa volonté. Les effets de perspective lui sont, en outre, interdits. Il doit les éviter avec soin, sous peine de crever la muraille qu'il est chargé d'embellir, mais non pas de supprimer. De même pour le modelé, car il simulerait des saillies que nous avons reconnues contraires aux convenances. Il lui faut donc renoncer, *à priori,* à tout ce qui ferait de son revêtement un tableau, et s'il est sage, le sacrifice lui sera d'autant plus facile que, voulût-il établir dans sa composition une succession rationnelle de plans, il n'y pourrait parvenir. Il n'est pas en son pouvoir, en effet, de rompre ses tons, de dégrader ses nuances, de fondre ses teintes, et surtout d'éviter les reflets de la lumière qui, faisant vibrer et miroiter sa peinture, enlèvent à celle-ci tout aspect de réalité.

1. *Lecture faite à l'Académie des beaux-arts,* le 25 mai 1873.

Le plus sage, en présence de difficultés si variées et si nombreuses, est donc de revenir à ces dessins géométriques dont l'Orient a laissé tant de gracieux modèles si heureusement combinés, ou, si l'on tient à s'inspirer de la nature, de ne point s'efforcer de créer une illusion au moins inutile. L'inexorable et sévère vérité n'a que faire dans ces

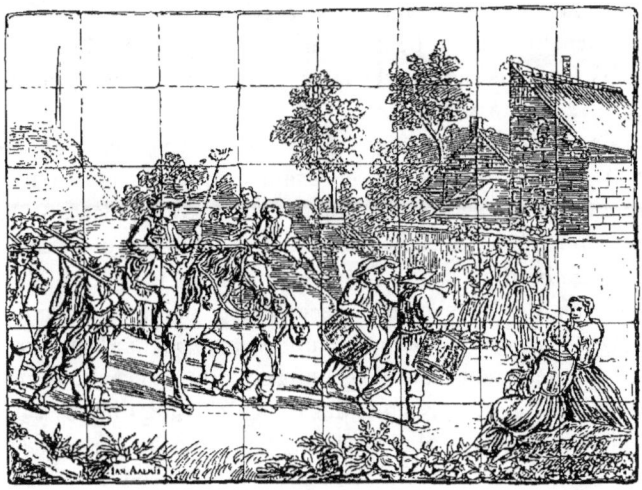

Fig. 45. — Carrelage en faïence hollandaise représentant le *Vainqueur du tir à l'oiseau*.

combinaisons décoratives. Elle doit céder le pas à la féconde vraisemblance. « Les plantes qui croissent dans le jardin de l'imagination — a-t-on dit avec infiniment de justesse et de raison — ont aussi leurs familles et leur genres... » Leurs formes se prêtent à des combinaisons d'autant plus heureuses qu'aucune considération ne vient limiter leurs facultés ornementales, et que leurs couleurs purement arbitraires peuvent se transformer suivant les nécessités imposées au décorateur par l'harmonie générale de son œuvre

VIII

DE LA COMPOSITION DES VASES

Il ne faut pas s'y tromper, la création d'un vase de forme irréprochable et sa décoration constituent un des problèmes les plus complexes avec lesquels un artiste, même éminent, puisse se mesurer.

Malgré qu'il soit de règle, dans le monde académique, de paraître persuadé que la représentation de la forme humaine est l'expression la plus haute des arts plastiques; quoiqu'on risque de faire sourire un architecte en comparant le galbe d'un vase à l'ordonnance d'un temple ou d'un palais; bien qu'on s'expose à scandaliser peintres et sculpteurs en égalant une coupe à un tableau ou une amphore à une statue, encore faut-il reconnaître que la réussite d'une œuvre de ce genre présente des difficultés singulières; car, depuis l'antiquité la plus reculée, il n'est presque pas d'artistes considérables qui n'aient essayé de résoudre ce laborieux problème, et par le nombre relativement restreint de vases absolument dignes d'être pris pour modèles, qui sont parvenus jusqu'à nous, on peut se rendre compte combien cette tâche était ardue.

Cette constatation prend un redoublement d'intérêt et d'importance dans la connaissance de ce fait que, dès les temps les plus anciens, en Grèce et en Étrurie, les beaux vases furent non seulement très recherchés et fort estimés, mais tenus pour des œuvres de grande décoration. Comme tels, ils eurent place dans les demeures les plus somptueuses, en même temps que, mêlés à la vie courante, ils se voyaient traités avec une familiarité bienveillante, et douée en quelque sorte d'une espèce de personnalité.

Chez ces peuples encore jeunes, à l'imagination débordante, où le besoin d'animer toutes choses se faisait surtout sentir, les vases céramiques furent, en effet, élevés au rang d'individualité. On leur prêta sinon un esprit et un cœur, du moins un corps avec des membres correspondant aux nôtres. Toutes leurs formes — et Clément d'Alexandrie déclare que, de son temps, elles étaient déjà innombrables — se virent ainsi régies par cette pensée singulière de personnification. La corne à boire eut un *buste,* la lampe un *nez* (nous dirions aujourd'hui un *bec*). On appela l'intérieur d'une coupe son *visage,* et le nom de *front* fut donné à la partie supérieure du goulot; si bien qu'un poète disait d'un flacon dont le goulot était à rebord « qu'il cachait son front », comme si le rebord surplombant eût fait l'office d'une chevelure.

Les anses doubles furent tour à tour qualifiées *oreilles* ou *bras.* L'orifice du vase constitua sa *bouche,* et les bords de l'orifice ses *lèvres.* Le *col* de la bouteille a conservé sa dénomination primitive, mais il n'est plus question de sa *nuque* ni de sa *gorge.* Par contre, les pots et leurs dérivés ont continué d'avoir des *panses,* les aiguières des *pieds,* et les coupes et les plats des *ombilics.*

Pour compléter l'analogie, le corps du vase type fut, à l'imitation du corps humain, divisé dans sa hauteur en trois parties distinctes. Celui-ci comportant une tête, un torse, des jambes, le vase se composa d'un pied, d'une panse, d'un col ou goulot. Le rapprochement est curieux, amusant, instructif, mais on aurait tort, comme l'a prétendu M. Charles Blanc[1], de vouloir faire dériver absolument les formes céramiques des formes humaines; car alors que le corps humain ne saurait être impunément privé d'une de ses trois parties essentielles, avec le vase il en est autrement. Un flacon, en effet, peut être *apode,* c'est-à-dire sans pied; un bol, une tasse, une jatte, dépourvus de col; un

---

1. Voir *Grammaire des arts décoratifs,* p. 389.

gobelet, de pied et de col, sans constituer une monstruosité. Il semblerait après cela que la panse suffit pour caractériser le vase. Eh bien ! elle n'est même pas indispensable, car la coupe et le compotier ont une bouche et un pied, et sont l'un et l'autre privés de panse.

Mais nous ne sommes pas au terme de nos analogies. Ces vases, une fois munis de leurs organes, furent doués par les Grecs amoureux de fictions, de qualités morales, — ou immorales suivant le cas. — La lampe, compagne de l'étude, se vit qualifiée par le philosophe ou l'érudit de « silencieuse ». Elle fut au contraire traitée de « gourmande » par la ménagère, qui lui reprochait de boire avec avidité l'huile dont elle était abreuvée. La coupe, qui, elle aussi, absorbait le vin qu'on lui confiait [1], se vit flétrie du nom de « goulue », alors que, remplie à pleins bords, on disait qu'elle « souriait » au buveur. M. Frœhner [2] cite un genre de vases grecs qu'on désignait sous le nom d'« adolescent », et un autre qu'on avait baptisé « eunuque ». Pourquoi ? Il serait aujourd'hui assez difficile de le dire. L'amphore, quand elle avait pris de l'âge, était appelée « vieille

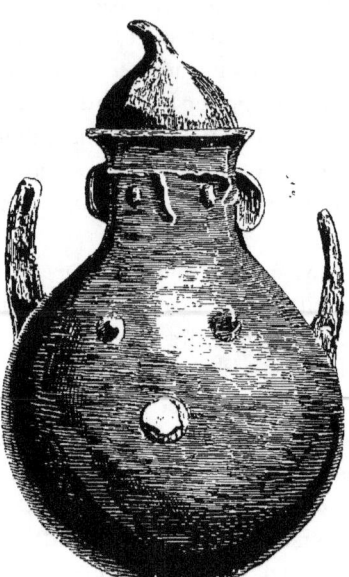

Fig. 46. — Vase préhistorique à forme humaine embryonnaire.

---

1. Pour bien comprendre ces reproches, il faut se souvenir que la terre dont étaient faits ces divers vases, étant cuite sans couverte, restait poreuse et absorbait une partie du liquide qu'on y versait.
2. Voir *Anatomie des vases antiques*.

fille »; et quand elle était brisée on disait tristement : « L'amphore est morte. » Dans les *Grenouilles* d'Aristophane, Bacchus s'écrie : « Hélas ! mon gobelet vient de trépasser. »

On aurait pu dire qu'il ne manquait à ces vases que la parole. Et encore il est question dans bien des textes du « chant » de la bouilloire et des « glouglous » sonores de

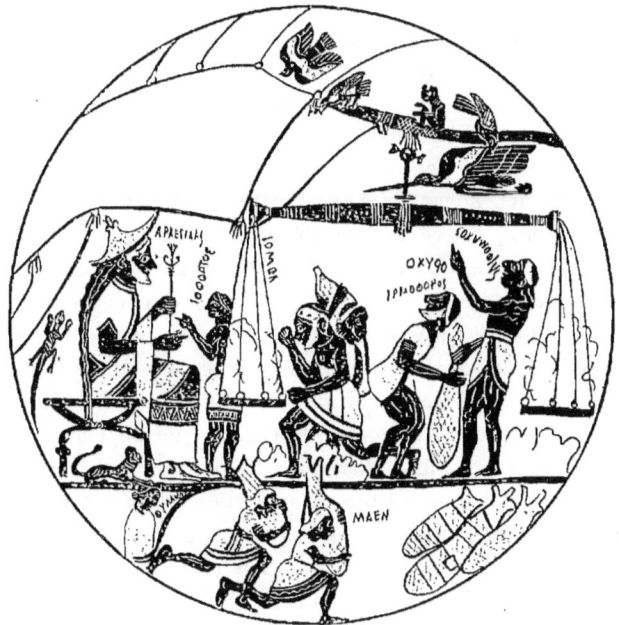

Fig. 47. — Intérieur de coupe grecque ornée d'inscriptions explicatives.

la bouteille, sans compter les inscriptions innombrables et de toute nature, indicatives, explicatives, dédicatoires, commémoratives, funéraires ou simplement décoratives, prodiguées sur leurs diverses surfaces.

Il ne faudrait pas se borner, toutefois, à ne voir dans cette « anatomie » des vases antiques, comme on l'a si bien appelée, qu'un simple jeu d'esprit, fécond en rapprochements curieux et en allusions ingénieuses. Une fois ces dispositions générales admises, les analogies ne manquèrent pas d'influer sur la production même de l'artiste. La fermeté avec laquelle les formes des vases antiques sont écrites, la netteté de leur signification, proviennent assurément de l'individualité qu'on leur prêtait ; et cette individualité, les artistes grecs l'avaient d'autant plus présente à l'esprit que, n'ayant point à leur disposition le magique éclat des émaux et la variété des couleurs, ils donnaient tous leurs soins à la recherche de la forme. C'est assurément pour cette raison qu'un certain nombre des modèles créés par eux peuvent être regardés comme parfaits, chacun dans leur genre.

Cette sorte de personnalité gracieusement attribuée à un objet de pure décoration ou d'utilité journalière en avait, à leurs yeux, relevé le caractère. Elle n'avait pas tardé à amener cette persuasion que la beauté d'une simple poterie n'échappe pas aux principes généraux qui régissent les autres arts plastiques. Ils étaient convaincus que cette beauté — dans la création d'un vase comme dans la composition d'un tableau ou d'un groupe — résulte de l'introduction de la VARIÉTÉ dans l'UNITÉ, et que l'harmonie qui doit caractériser toute œuvre d'art, quelle qu'elle soit, dépend de quatre conditions essentielles : l'ORDRE, la PROPORTION, la STABILITÉ et les CONVENANCES.

Hâtons-nous d'ajouter qu'aujourd'hui, comme jadis, aucune de ces prescriptions n'est à négliger. Le premier mérite de la forme d'un vase est d'être *une ;* et alors même que, pour répondre à certaines nécessités, ses contours peuvent se décomposer géométriquement, encore faut-il que leur aspect général n'ait pas l'air d'une juxtaposition, d'une agglomération de formes réunies. La variété n'est pas moins indispensable. Comme l'a si bien dit Reynolds, « elle réveille l'attention qui languit facilement par une trop grande uniformité ». Quant aux autres qualités que nous venons d'énumérer comme constitutives de l'indispensable harmonie, nous allons nous en occuper avec plus de détail.

FABRICATION 97

L'ordre et la proportion résultent surtout de la bonne division de l'Espace et d'une répartition raisonnée des masses. Cette heureuse division, cette répartition raisonnée, doivent s'affirmer dès le principe par le choix d'une partie dominante, et par l'attribution à cette partie de l'importance et de la signification qu'elle comporte. Rien, dans une œuvre décorative, n'est plus monotone, en effet (nous l'avons démontré autre part[1]), rien n'est moins plastique, moins significatif, que l'égalité des divisions. Mais il ne suffit pas qu'une détermination bien arrêtée ait attribué à une des parties de notre vase cette proportion dominante; il faut encore que cette prédominance demeure bien lisible, reste bien évidente. Une ligne ondoyante qui enveloppe un contour sans arrêt, sans

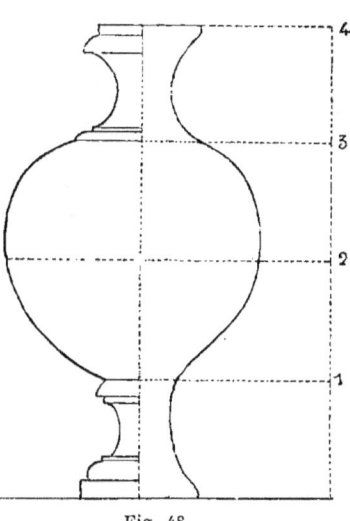

Fig. 48.

ressaut, laisse toujours au galbe du vase un aspect veule, indécis, incertain et par conséquent dépourvu de caractère, alors qu'il prend de la signification et de l'accent dès que ses principales divisions sont fermement arrêtées (voir fig. 48).

Il faut, toutefois, se garder avec soin de tomber dans l'excès contraire, et d'imprimer aux lignes une rigidité trop accusée, aux profils une carrure trop marquée, aux angles une acuité déplaisante. La céramique s'accorde mal de la raideur des contours. La ligne droite elle-même, quand elle

---

1. Voir notre volume sur la *Décoration*, p. 81 et suiv.

limite le profil d'un vase, est d'une médiocre plasticité. Cependant elle engendre un certain nombre de formes avec lesquelles le céramiste est tenu de compter. Tels sont le cylindre, le cône tronqué, le cône renversé ou claveau; mais ces formes, que parfois la nécessité impose, sont toujours d'un pauvre aspect, et ne deviennent acceptables que lorsque la richesse du décor se charge de les faire oublier. Voilà pourquoi les Anciens, qui n'avaient à leur disposition ni le prestige des couleurs ni l'éclat des émaux, les proscrivirent sévèrement, alors que les Chinois et les Japonais, grâce à

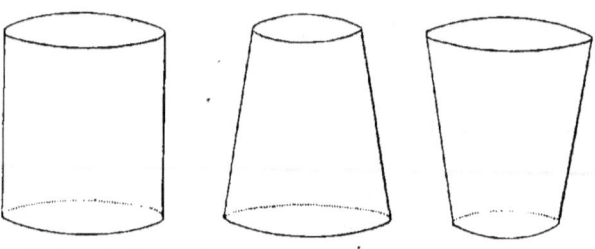

Fig. 49. — Cylindre.   Fig. 50. — Cône.   Fig. 51. — Cône renversé.

leur palette merveilleuse, leur ont fait trouver grâce à nos yeux.

Le vulgaire cylindre lui-même a pris place, sous forme de cornet, parmi nos vases de décoration; et l'on doit constater que dans certains ensembles il peut jouer un rôle non exempt de dignité, par suite du contraste que produisent ses lignes verticales et parallèles, opposées aux formes contournées des objets qui les avoisinent.

Mais le plus souvent, quand on recourt à ces profils raides et guindés, c'est qu'ils sont imposés par les exigences de l'usage. Les brocs de toilette, par exemple, les canettes à bière, ne s'inscrivent dans le trapèze limitant le profil d'un cône tronqué, que parce que leur galbe pyramidant affecte, de la sorte, une stabilité immuable. Leur figure, toutefois, reste toujours pesante et monotone, parce qu'en eux le Beau

FABRICATION 99

est subordonné au Commode, et que les convenances l'emportent sur les recherches de la grâce et de l'élégance.

Encore a-t-on soin, généralement, à l'aide d'un ingénieux stratagème, de déguiser cette lourdeur et ce manque de variété. Une légère inflexion donnée à l'extrémité des parois, un renflement presque imperceptible du col, un évasement de la partie inférieure, un changement de direction, suffisent souvent pour assouplir un contour trop rigide et pour enlever aux lignes droites leur monotone sévérité. Avec les lignes courbes ces précautions deviennent inutiles. A tous égards, du reste, elles conviennent mieux à la composition des vases de terre, non seulement parce qu'étant plus souples elles sont plus variées, plus élégantes et plus riches, mais parce que leur souplesse même rappelle la matière dont le vase est formé. Voilà pourquoi le céramiste évite autant qu'il le peut les profils rigides et les angles aigus, dont l'inflexibilité contraste forcément avec l'initiale flexibilité de l'argile molle et plastique.

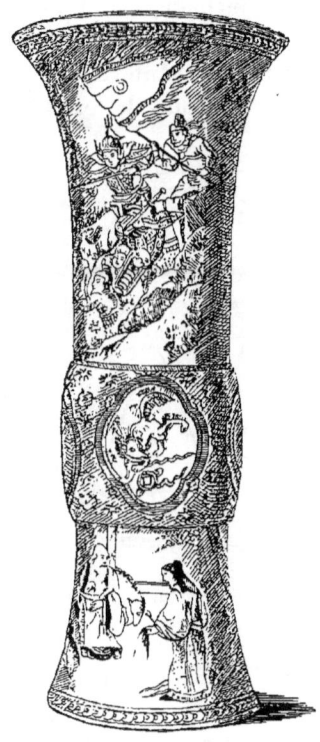

Fig. 52. — Cylindre évasé et renflé formant cornet.

Les courbes employées dans la composition des vases céramiques dérivent toutes de la sphère, de l'ellipse ou de l'œuf. La forme sphérique est la plus mâle; elle est également la plus grave, la plus pesante. Aussi, pour racheter son uniformité et sa pesanteur, est-on obligé de l'associer à d'autres formes, soit en la faisant pénétrer par un cône, soit en l'inscrivant dans le développement d'un claveau, soit en la juchant sur un pied, soit enfin en la surmontant d'un col plus ou moins allongé qui l'allège. La forme elliptique est plus élégante. Avec plus de légèreté elle montre plus de grâce. Quant à la forme ovoïde, c'est à la fois la plus em-

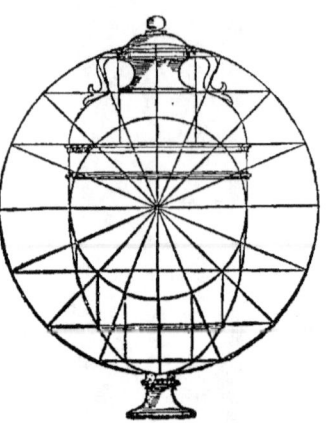

Fig. 53. — Forme de vase construite et architecturée par Serlio.

ployée et la plus gracieuse, car « l'œuf n'est pas seulement un emblème sacré de la génération, il en est le principe visible et tangible, l'harmonieuse image ».

« Il y a presque toujours de la grâce, écrit M. Charles Blanc[1], dans une composition céramique, lorsque l'œuf en a été l'élément principal. On en peut citer pour exemples les jarres turbinées et apodes, les logènes à long col, et les amphores oviformes de l'Égypte. » Ajoutons que toutes ces formes, pour être vraiment gracieuses et nobles, demandent à être *architecturées* : c'est-à-dire qu'elles doivent être non seulement composées et dessinées avec goût, mais construites avec soin, *élevées* le compas et la règle en main, comme le démontre notre figure 53, empruntée au livre de Serlio sur l'*Architecture*[2]. L'élévation d'un vase s'établit donc géométriquement par une succession de courbes qui, pour se conformer au principe de variété énoncé plus haut, doivent se contrarier d'une façon constante. Deux courbes convexes

---

1. *Grammaire des arts décoratifs*, p. 351.
2. *Le Premier Livre d'architecture de Sébastien Serlio*.

ou deux courbes concaves juxtaposées et se faisant suite, produisent, en effet, une impression généralement désagréable. Cette constante opposition, en outre, est d'autant plus nécessaire qu'elle permet de mieux accuser les principales divisions, précaution indispensable, car les courbes, par suite de leur souplesse, manquent toujours un peu de précision (v. fig. 54).

Pour cette même raison, c'est-à-dire dans le but de bien préciser les divisions et de prévenir toute confusion, nous aurons soin qu'aucun des ornements dont les divers membres de notre vase doivent être décorés, ne chevauche d'une partie sur l'autre.

Nous prendrons bien garde, par exemple, que la décoration

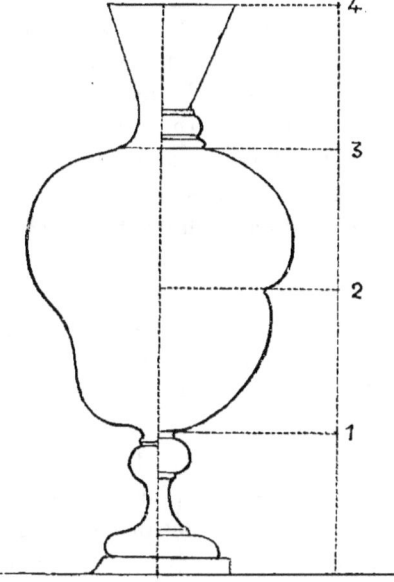

Fig. 54.

du col enserre la base de celui-ci, comme pourrait faire une cravate ou un collier; que la partie inférieure de la panse soit, autant que possible, couverte d'ornements verticaux qui, s'arrêtant brusquement à la naissance du pied, l'enveloppent comme un réseau et semblent la soutenir. Enfin l'attache du pied sera tenue sensiblement plus étroite que celle du col. Cette différence, qui fait sentir le point d'arrêt du liquide dans le vase, se justifie du reste par ce fait que le goulot est creux, alors que la tige du pied est forcément pleine.

De l'aplomb et de la stabilité. — Dans la détermination des proportions du col, du pied et de la panse, l'artiste expérimenté ne perd jamais de vue les exigences de l'aplomb et de la stabilité. L'un et l'autre, en effet, doivent le préoccuper d'autant plus, que les pièces céramiques étant toujours d'une fragilité assez grande, toute chute leur devient fatale. Aussi stabilité et aplomb doivent être non seulement réels, mais encore suffisamment apparents pour rassurer l'œil et donner tout repos à l'esprit. Nous avons indiqué dans notre volume consacré à l'*Orfèvrerie* quels rapports doivent exister, dans un vase, entre l'assiette du pied et les dimensions de la panse. Nous avons établi que cette relation se chiffrait par 2/3, c'est-à-dire que « la base d'un vase, pour satisfaire aux lois de l'aplomb et de la solidité, doit compter comme largeur les deux tiers au moins du plus grand diamètre de ce vase[1] ».

Cette proportion, qui convient bien au métal (voir fig. 55 à 57), répond également aux exigences de la céramique, surtout quand les vases n'excèdent pas en hauteur certaines proportions. Mais si l'élévation dépasse deux diamètres, cette assiette n'est plus suffisante. Alors, et à mesure que la forme s'élève, il faut progressivement développer l'embase jusqu'à ce qu'elle égale la largeur du grand diamètre. Un autre point qu'il ne faut pas perdre de vue, c'est que, s'il est permis, une fois l'assiette du pied fixée, de monter les vases d'argent ou de vermeil sur une tige aussi mince qu'on le juge convenable, il n'en saurait être de même pour les vases de faïence ou de porcelaine, qui réclament toujours dans leurs parties portantes et dans leurs points d'attache, une robustesse spéciale. La grâce des vases céramiques, leur élégance, leur sveltesse, doivent, en effet, être cherchées bien plus dans la juste proportion des diverses parties, dans l'harmonie des contours, qu'obtenues par l'amincissement exagéré des supports.

1. Voir *Orfèvrerie*, pages 79 et 80.

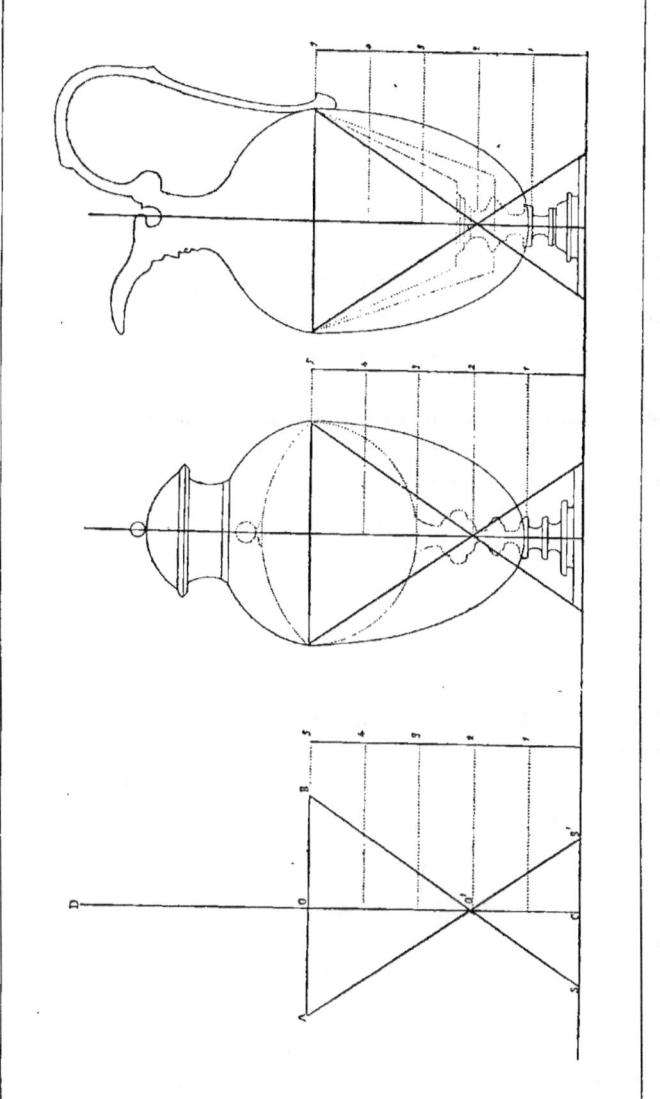

Fig. 55 à 57. — Diagramme donnant l'aplomb des vases. (Figures empruntées à l'*Orfèvrerie*.)

Cette même raison indique assez qu'il faut se garder de donner aux membres placés en hors-d'œuvre, comme les anses, les becs, etc., un développement excessif. L'habileté consiste, au contraire, à faire rentrer, autant que possible, ces parties dans l'aplomb de la forme générale[1] (voir fig. 57). La nécessité d'affronter victorieusement l'épreuve du feu et de résister aux causes si nombreuses de destruction qui le menaceront par la suite, oblige, en outre, le céramiste à distribuer les membres différents du vase qu'il compose de manière qu'ils se tiennent étroitement entre eux et puissent, au besoin, se maintenir réciproquement.

De ces diverses parties saillantes, il en est une surtout dont il importe de dire quelques mots, parce qu'elle influe parfois d'une façon singulière sur l'aspect du vase, et joue souvent dans sa parure un rôle considérable. Nous voulons parler de l'anse. En son principe, l'anse est un membre simplement utile. Lorsque le vase atteint certaines dimensions et lorsqu'il ne peut être tout entier tenu dans la main, comme le bol ou la tasse; lorsqu'il ne peut être saisi par le col, comme le flacon ou la gourde, ou encore par le pied, comme la coupe; lorsque enfin il est de nature à être constamment manié et changé de place, l'anse devient une nécessité. Cette nécessité, par la suite, s'est transformée en un ornement; mais cet ornement n'offre un aspect agréable qu'à une condition, c'est que son utilité demeure bien visible, qu'elle soit facile à saisir, commode à tenir, qu'elle paraisse bien faire partie du vase même, et ne point composer un agrément de pure décoration, rapporté après coup. Enfin, il faut encore que son volume et son écartement ne déplacent pas le centre de gravité apparent de la masse.

La forme, la dimension, le placement de l'anse, constituent donc autant de problèmes qui demandent à être médités, car de leur solution plus ou moins heureuse dépen-

---

1. Voir *Orfèvrerie*, p. 81.

dent souvent la beauté et la commodité du vase. Lorsque celui-ci est d'usage courant, ce sont les besoins qui commandent et qu'on doit tout d'abord écouter. Dans ce cas, l'anse est généralement unique, comme dans les aiguières ou pots à l'eau, les cafetières, les théières, etc. Ses dimensions, comme sa position, sont, en outre, réglées par des convenances toutes spéciales. La capacité du vase, sa forme, la facilité d'incliner la panse et le goulot sans provoquer un déplacement trop rapide du liquide, mais de façon à amener son écoulement progressif et régulier, sont autant de questions qui veulent être étudiées avec soin.

Quand la pièce est de décoration, la latitude est plus grande. Alors l'anse devient, nous l'avons dit, un ornement dont la mission est d'ajouter à la beauté ou à la magnificence du vase. Mais dans ce nouveau rôle il importe encore que sa destination reste bien fermement écrite, que son caractère de support demeure bien évident, qu'elle présente des parties lisses et faciles à saisir, que les points

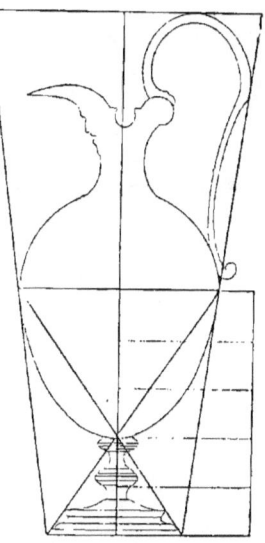

Fig. 58. — Diagramme donnant l'aplomb de l'anse.

d'adhérence soient suffisamment visibles pour qu'en enlevant le vase par ses anses on ne craigne pas de voir celles-ci se détacher. Enfin il faut avoir bien soin que, par leur exagération, elles ne prennent une importance excessive. L'accessoire paraîtrait ainsi dominer le principal.

Généralement, dans les vases de pure décoration les anses sont au nombre de deux, et leur parallélisme voulu, établissant une sorte d'équilibre entre elles, rend leur position en hors d'œuvre moins inquiétante. Mais là encore leur développement ne doit jamais excéder certaines proportions. Il doit pouvoir être contenu dans une figure idéale affectant la forme d'un cône tronqué, renversé, dont la base serait fournie par la largeur du pied et dont l'élévation viendrait effleurer le grand diamètre. Dès que, pour des raisons dont l'examen serait oiseux à cette place, l'anse affecte des proportions plus considérables, il faut s'empresser de renforcer le pied et de développer la largeur de l'embase. Cette précaution est indispensable pour maintenir à la pièce son aplomb apparent et sa stabilité.

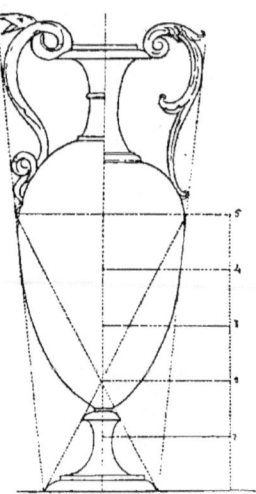

Fig. 59. — Diagramme donnant l'aplomb des anses.

Enfin, condition essentielle, il importe que les anses, quels que soient, du reste, leur importance, la richesse de leur décoration et leur rôle, — aussi bien quand elles constituent un appendice utile ou commode que lorsqu'elles sont de pur ornement, — se rattachent étroitement aux grandes lignes architecturales du vase, tiennent à l'ensemble, fassent partie intégrante de la composition même, et ne semblent pas avoir été ajoutées après coup à une forme préexistante dont elles pourraient, à volonté, être séparées.

Ce que nous disons des membres et des parties essentielles s'applique également aux ornements accessoires, c'est-à-dire aux moulages, aux pastillages, aux sculptures, etc., qui composent la décoration saillante. Ces divers ornements, quelque compliqués qu'on les suppose, doivent toujours être assez légers pour que la pièce ne se trouve pas alourdie par leur volume, écrasée par leur poids. Il est indispensable, au contraire, comme le montre notre fig. 58, qu'elle paraisse les supporter sans effort. En outre, ces sortes de décorations ne doivent jamais, par l'exagération ou la disposition de leurs saillies, modifier les contours au point de dénaturer le galbe de la pièce et d'altérer sensiblement sa silhouette générale.

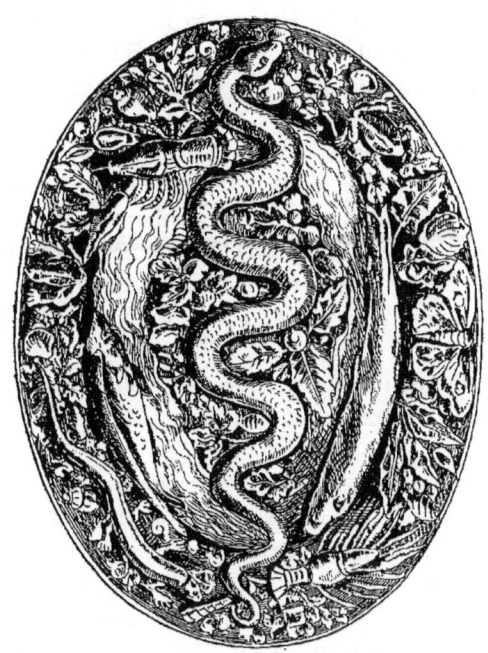

Fig. 60. — Plat décoré de moulages, exécuté par Bernard Palissy.

Ajoutons encore que les vases, alors même qu'ils sont de pure décoration et n'ont point, par conséquent, une destination utile, conservent le plus souvent une forme qui semble faire allusion à leur utilité primitive. Dès lors, c'est commettre une erreur que de faire paraître par des adjonctions fantaisistes leur usage impossible. Les plats de Bernard Palissy, pleins de grenouilles, de poissons, de reptiles, malgré la réputation dont ils jouissent et les prix qu'ils atteignent dans les ventes, n'échappent pas à cette règle toute de logique. « Du moment qu'il s'agit de décorer un dressoir, d'orner une paroi, écrit M. Charles Blanc[1], c'est manquer à la convenance que d'y offrir en montre une vaisselle couverte de cryptogames et de plantes sauvages, ou remplie de hannetons, d'escargots et autres *bestioles*. — Et si les bassins de Palissy représentent une vipère endormie dans un îlot et des poissons qui nagent tout autour, il faut convenir que l'image de ces eaux vues en sens vertical devient un étrange contresens. »

L'observation, dans le cas présent, semble même d'autant plus justifiée que les reptiles et les lézards surmoulés sur nature sont d'une vérité particulièrement saisissante. Au surplus, on peut dire d'une façon générale que la beauté de l'aspect et la richesse ne sont pas, dans un vase céramique, en rapport direct avec l'abondance et la multiplicité des détails. Aussi le céramiste fait-il toujours bien d'éviter, dans la composition de ses formes et dans la disposition de son ornementation, toute complication inutile.

Des convenances. — Indépendamment de ces règles générales, il en est de particulières qui influent non moins directement sur la forme et la structure des vases, et qu'on aurait grand tort, par conséquent, de négliger.

Bien que chaque vase céramique, considéré en lui-même, constitue le plus souvent un tout complet, et à la rigueur indépendant des objets qui l'entourent, il est bien rarement permis à l'artiste qui en combine les éléments de s'abandonner, dans sa composition, aux inspirations de la fantaisie. La forme d'un ouvrage de ce genre, en effet, est presque toujours régie soit par son usage, soit par sa destination. Le devoir de l'artiste est donc de se bien rendre compte, tout d'abord, des exigences spéciales auxquelles

---

1. *Grammaire des arts décoratifs*, p. 414.

doit répondre l'objet qu'on lui demande. C'est pourquoi on a eu soin de diviser les diverses sortes de vases en un certain nombre de classes distinctes :

1° Les *vases fastueux,* destinés à l'ornementation intérieure des édifices publics, des palais, des temples, des hôtels de ville, etc. ;

2° Les *vases commémoratifs,* appelés à consacrer le souvenir d'un personnage illustre ou d'un événement mémorable ;

3° Les *vases de jardin,* de *vestibule,* dont les contours larges et puissants concourent à la décoration des antichambres, des escaliers, des parterres ;

4° Les *vases de petite décoration,* dont le rôle est d'égayer par une tache joyeuse nos intérieurs, de garnir nos cheminées, nos tables, nos consoles ;

5° Les *vases d'usage,* qui jouent dans la parure et le service de la table un rôle si important, et dont la forme comme l'ornementation sont régies par des considérations d'un ordre si spécial, que nous leur consacrons un chapitre à part[1].

On comprend que chacune de ces classes, par le fait même qu'elle répond à une destination précise, comporte des exigences qui lui sont particulières. Si le vase rentre dans la catégorie des pièces de grande décoration, s'il est destiné à orner dans un palais, dans un édifice public, une place prévue, déterminée, la nature du lieu, l'entourage, commandent, dans ce cas, la forme, le décor et parfois jusqu'à la gamme des colorations.

Il est des milieux, en effet, où certains profils capricieux ne manquent pas de produire une impression agréable. D'autres, au contraire, exigent des formes simples et sévères. Imaginez un vase de style Régence, aux contours chantournés, tourmentés, bistournés, placé au milieu d'une de ces pièces du château de Fontainebleau qui ont conservé

[1]. Voir ch. X, p. 131.

leur belle décoration datant de la Renaissance : l'effet en sera choquant. De même si vous introduisez dans un boudoir Louis XV, aux panneaux rocailleux et tarabiscotés, un vase antique.

Vous demande-t-on de composer un vase commémoratif, il faudra vous préoccuper du caractère du personnage auquel il est consacré, ou de la nature du fait dont il s'agit de perpétuer le souvenir ; et la figure générale de votre vase aussi bien que son ornementation devront s'inspirer de ce fait ou de ce caractère. Une forme légère, irrégulière et contournée, enjolivée de guirlandes et de masques, conviendrait mal à un sévère législateur ou à un homme de guerre farouche ; par contre, elle encadrera agréablement le portrait d'une actrice en renom. Le galbe d'un vase et sa décoration ne sauraient être pareils s'il s'agit de célébrer un combat naval ou un illustre mariage. De même si l'on demande de symboliser un art, une science. On conçoit qu'une forme et une décoration identiques ne sauraient convenir à la fois à la Géographie, à la Peinture, à l'Astronomie, à la Danse.

Même lorsqu'un vase n'a pas un rôle aussi important ou aussi somptueux à remplir, sa forme mérite d'être étudiée avec soin, et toujours en vue de la destination qui lui est réservée. C'est ainsi qu'un *vase de jardin* ou de *vestibule* doit présenter une ampleur et une simplicité de contours qui conviendraient mal à des *vases de petite décoration*, chargés d'égayer nos boudoirs, nos salons et nos chambres. Les premiers rentrent dans la catégorie de ces pièces dont nous parlons dans un chapitre précédent. Appelés à être considérés de loin, ils doivent saisir le regard au passage, par l'ampleur de leurs formes, la grandeur simple de leur ornementation. Les autres appartiennent, au contraire, à cette classe d'ouvrages fins, délicats, précieux, qui, comme abondance et comme splendeur de décor, peuvent pousser la richesse jusqu'à la prodigalité.

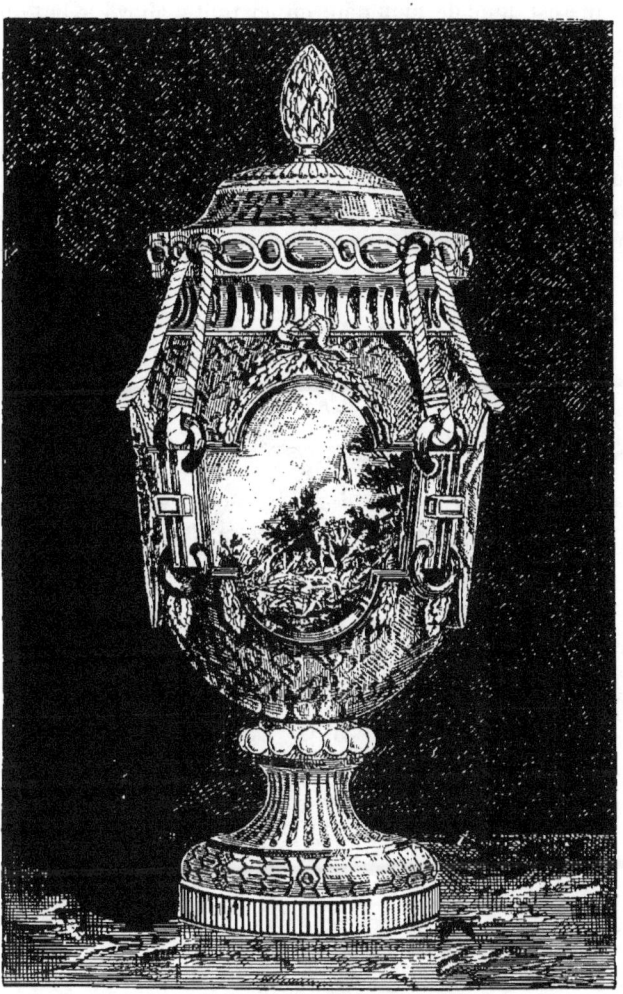

Fig. 61. — Vase commémoratif de la bataille de Fontenoy.

112 LA CÉRAMIQUE

Le premier devoir dans la composition d'un vase céramique est donc de bien déterminer tout d'abord le but qu'il doit remplir, de se pénétrer des exigences spéciales que comporte ce but, et, une fois cette destination et ces exigences connues, de se persuader que sa beauté, régie par des lois de bon sens, d'équilibre et de pondération, dépend en grande partie de la convenance de sa forme relativement à sa destination, et de l'accord existant entre sa décoration et sa forme.

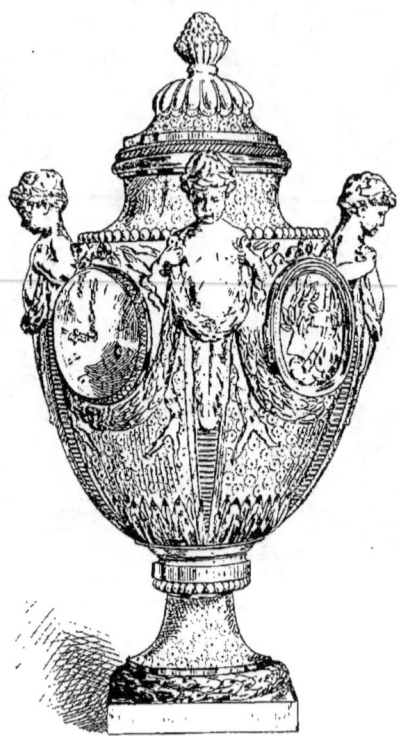

Fig. 62. — Pendule en porcelaine de Sèvres.

IX

LA DÉCORATION DES VASES

La décoration, dans les arts céramiques, est si intimement liée à la conception même de la forme, qu'il nous a été impossible de résumer les règles qui gouvernent celle-ci, sans dire quelques mots de l'ornementation des vases. On n'a pas eu le temps d'oublier les recommandations que nous venons de faire relativement à l'importance limitée qu'il faut accorder aux ornements en relief, dont la saillie ne doit jamais altérer le galbe de la pièce. Nous avons également signalé la mission qui incombe à la décoration, de bien souligner, d'accentuer d'une façon spéciale les principales divisions de chaque vase. A propos des parties disposées en hors-d'œuvre et dont le rôle, dans certains cas, est encore plus décoratif que foncièrement utile, nous avons indiqué les conditions d'aplomb et de simplicité relative dont elles ne doivent jamais s'écarter. Nous aurons de nouveau, au cours de ce chapitre, à reparler de quelques-unes de ces prescriptions, dictées par la raison en même temps qu'imposées par le goût, parce qu'elles sont pour le sujet que nous traitons d'une importance capitale.

Un fait très curieux qu'il nous faut d'abord constater, c'est que presque tous les vases céramiques parvenus jusqu'à nous, même les plus anciens, même ceux qui remontent à la période dite préhistorique, portent au moins un rudiment de décoration. Il semble que le vase mal formé, sortant des mains encore inhabiles de ces potiers primitifs, ait tenté par ses surfaces à la fois lisses et molles leur verve ornementale. Se servant comme d'ébauchoirs ou de burins, d'un os de renne, d'un silex taillé, d'une épine de bois dur, l'artiste de ces âges ignorés a tracé, à l'aide de raies ou de lignes pointées, des méandres, des ondes, des vagues, des dents, des étoiles même. Et, particularité remarquable, non seulement ces ornements constituent des dessins suffisamment variés, souvent ingénieux, parfois agréables à l'œil ; mais, presque toujours, ils sont disposés avec goût et même avec une certaine science, car ils accentuent les divisions essentielles du vase et en font valoir les parties principales.

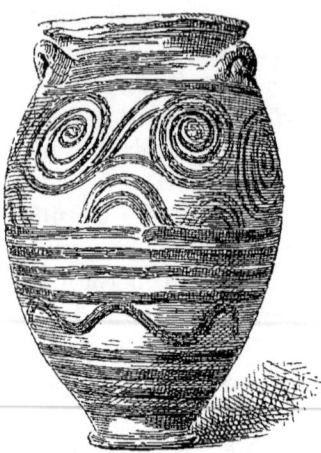

Fig. 63. — Vase préhistorique, décoré de traits gravés, trouvé dans l'île de Théra.

Autre fait non moins surprenant, et qui vient confirmer ce que nous disions plus haut de l'individualité assez étrange accordée par les anciens à ces sortes de productions, cette décoration primitive n'est pas, comme pour les armes, comme pour les bijoux, exclusivement géométrique. Même aux époques les plus reculées, elle se préoccupe déjà de la forme humaine, et certains vases découverts sous les cendres de volcans éteints depuis des milliers d'années, ont leur col terminé par des embryons de visages, que les archéologues ont qualifiés, nous ne savons pourquoi, de « têtes de chouette », alors que leur panse a été gratifiée de seins et autres organes (voir fig. 46).

Cette double constatation méritait d'être notée, parce qu'elle laisse prévoir l'usage que les potiers grecs feront plus tard de leurs incomparables talents, non seulement pour représenter en terre cuite d'exquises et charmantes figurines, des scènes de joie ou de désolation, mais pour retracer sur la panse de leurs vases les fastes d'une épopée fabuleuse qui met en contact les dieux et les hommes, et

FABRICATION 115

dont l'étude présente pour nous un intérêt d'autant plus vif, qu'elle nous montre comment l'observation de certaines règles peut conduire du premier coup à la production de chefs-d'œuvre irréprochables.

Non contents de construire leurs formes avec un soin, une science, une précision remarquables, les Grecs s'efforcèrent, en effet, d'établir la décoration de leurs vases de façon à en accentuer le galbe, à en faire valoir les lignes harmonieuses. Bien mieux, pour éviter tout ce qui aurait pu dénaturer cette harmonie, non seulement ils subordonnèrent le travail du peintre à celui du coroplaste; non seulement les ornements de toutes sortes et même les scènes souvent très compliquées furent tracés sans aucun relief, capable de dénaturer la concavité ou la convexité des principaux contours, mais ils supprimèrent absolument le modelé de leurs figures, de telle façon que, se détachant en silhouettes sur la paroi du vase, ces figures n'exhaussent ou n'entament en aucune manière la surface qui les porte.

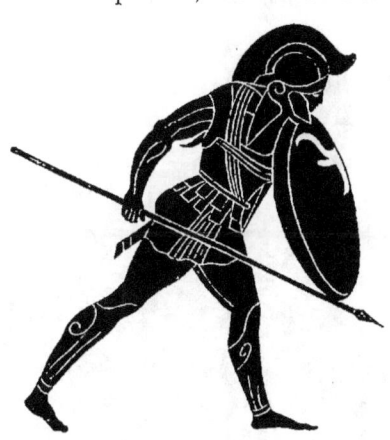

Fig. 64. — Guerrier grec, peinture décorant un vase antique. (MUSÉE DU LOUVRE.)

« On dirait, écrit poétiquement M. Charles Blanc, en parlant de ces beaux ouvrages, que des héros, des dieux, des faunes, des bacchantes, se sont promenés dans les airs autour des vases grecs, et que leur ombre portée est allée se fixer sur la panse d'une amphore ou sur la surface intérieure d'un cylix[1]. » Soit que les personnages se déta-

---

1. *Grammaire des arts décoratifs*, p. 376.

chent en noir sur un fond rouge, soit qu'ils s'enlèvent en jaune ou en rouge sur un fond noir, c'est toujours le même effet obtenu par des moyens inverses. Les traits du visage, les saillies des bras et des pectoraux, la rotule du genou, l'arcade des fausses côtes, sont indiqués par un simple trait. Aucun changement de nuance ne vient modeler les personnages qui défilent dans ces scènes héroïques, ni les chars qui les portent, ni les chevaux bondissants qui traînent ces chars. Les tuniques elles-mêmes dessinent les ondulations de l'étoffe sans qu'aucune demi-teinte n'en creuse les plis. Et cette simplification logique, d'autant plus

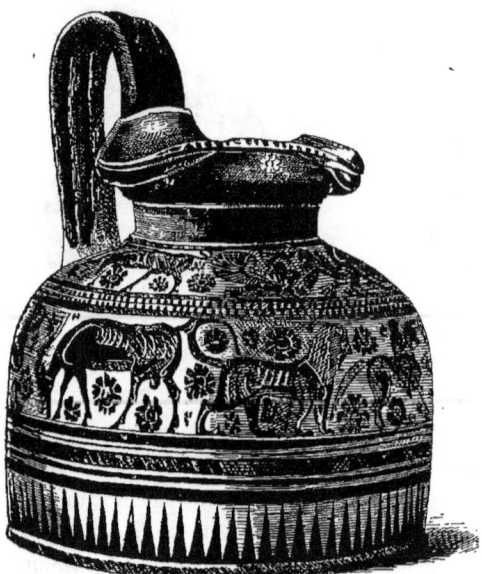

Fig. 65. — Vase corinthien décoré d'animaux passants. (Influence asiatique.)

remarquable qu'elle apparaît dès la première heure, — alors même que les potiers de l'Attique, encore sous l'empire des traditions orientales, décorent leurs vases de longues frises représentant des animaux passants, — cette simplification ne diminue en rien la beauté des scènes qu'ils interprètent et la grâce des personnages qui les animent. Ces figures plates semblent, au contraire, emprunter à cette absence voulue de modelé, une grandeur d'attitudes, une éloquence de gestes, une sorte de majesté épique.

Cette précieuse leçon qui nous est donnée par l'Antiquité ne doit pas être perdue pour nous. Peut-être nos yeux, habitués qu'ils sont au jeu magique des émaux, aux somptuosités des colorations brillantes, ne s'accommoderaient-ils pas de cette austère sobriété. Peut-être aussi ne sommes-nous plus capables de synthétiser une forme avec cette fermeté, avec cette précision, avec cette vaillance d'expression qui fait voir tout ce qu'elle sous-entend. Mais ce puissant exemple doit nous mettre en garde contre toute imitation trop précise, se traduisant par un modelé trop accentué. Elle doit nous apprendre surtout à nous méfier des effets de perspective qui, en creusant sur le corps des vases des profondeurs apparentes, simulent des vides ou des reliefs qui ne sauraient logiquement exister.

Ce qui doit achever de nous pénétrer de l'excellence de cette première règle, c'est que nous la voyons observée avec le même soin, quoique dans un autre esprit, par les Chinois, ces céramistes merveilleux. Considérez une de ces potiches couvertes de personnages, comme ils en ont tant produit. Non seulement le modelé des figures est à peine indiqué, mais les raccourcis sont soigneusement évités, les ombres portées supprimées, et le paysage qui

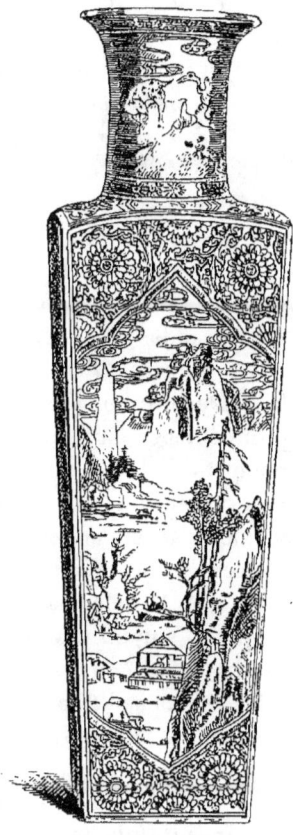

Fig. 66. — Vase chinois décoré de paysages.

sert de fond semble un défi jeté à la perspective. Celle-ci paraît abolie. Aucune succession de plans ne vient, en accusant les lointains, creuser le tableau. Les arbres et les pagodes sont plantés dans le vide. Les toitures escaladent le ciel. Les ponts aboutissent à des nuages.

Un grand nombre d'œuvres de la céramique italienne en son plus beau temps, révèlent des préoccupations analogues. Les superbes plats de Chaffaloggio et de Faenza, avec leurs portraits tracés de profil, entourés d'une banderole indicatrice, sont conçus presque dans le même esprit, et nous avons montré autre part[1] que dans presque toutes leurs œuvres décoratives les architectes et les peintres du Moyen Age avaient volontairement trahi la perspective et ramené leurs grandes compositions à un seul et même plan.

Il a fallu que l'enseignement dégénéré ou mal compris de la Décoration, l'exagération d'une science plus pédante qu'ingénieuse, substituassent au raisonnement et à la saine inspiration, le besoin d'étaler une érudition débordante, pour persuader aux artistes que la convexité d'un vase pouvait s'accommoder, comme décor, d'un tableau exécuté d'après les lois du clair-obscur. Une fois cette fatale erreur admise, ni la déformation forcée que présentent les figures dessinées sur un plan courbe, ni les modifications de tons que la forme convexe fait subir fatalement aux couleurs, ni les reflets de l'émail, ni les jeux de lumière, ne parvinrent à désabuser ces innovateurs malheureux ou leurs imitateurs. On les vit continuer sur le marli d'un plat la scène commencée sur l'ombilic (voir fig. 67), et cette dérogation aux principes les plus élémentaires de la décoration est encore aujourd'hui si bien dans nos habitudes, qu'il nous faut presque un effort de réflexion pour bien saisir ce qu'un pareil oubli de la logique offre de choquant et de ridicule.

Cependant le plus simple raisonnement permet de com-

---

1. Voir notre volume sur la *Décoration*, p. 5.

FABRICATION

prendre que deux parties contiguës d'un même objet, lorsqu'elles ne sont pas placées exactement sur un même plan, ne peuvent être éclairées d'une façon identique. Or, il suffit de la moindre inégalité d'éclairage pour que ces deux parties diffèrent l'une de l'autre, non seulement quant à la hauteur du ton, mais encore quant à la composition optique de la couleur, de telle sorte qu'elles se trouvent, relativement à notre œil, dans la condition des parties homogènes

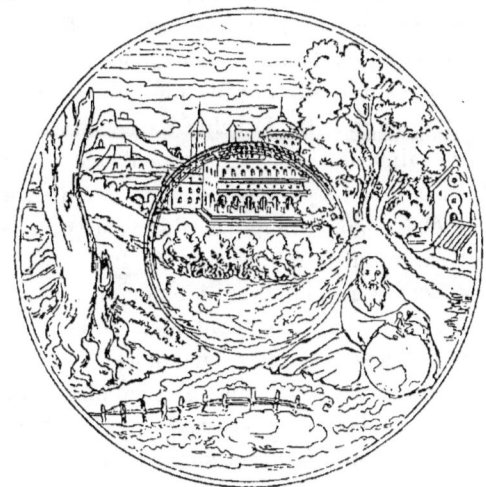

Fig. 67. — Empruntée à la *Décoration*.

d'une surface plane qui seraient éclairées par des lumières inégalement intenses et diversement colorées. Que peut devenir l'harmonie d'une peinture avec des différences pareilles d'éclairage ?

Ce n'est point tout. Même sur une surface très légèrement recourbée, presque plane, comme le fond d'une assiette ou l'intérieur d'un compotier, un tableau, dans le genre de ceux dont nous parlons, ne peut conserver l'égalité de son clair-obscur qu'à la condition de recouvrir l'intégralité de la surface visible. Sans cela le blanc des parties voisines rehausse, par le contraste, le ton de toutes les couleurs du tableau. C'est ce qui explique comment ces sortes de peintures exécutées sur porcelaine blanche, font un effet si dur. Cet inconvénient, il est vrai, peut être évité. Il suffit de choisir une couleur de fond qui s'accorde avec celle du clair-obscur. Mais agir ainsi, c'est commettre un contresens, c'est soumettre l'impression générale produite par l'ensemble de l'œuvre à une convenance du décor; car la couleur n'a pas seulement un effet local; elle exerce aussi son influence sur les parties avoisinantes. Elle s'aperçoit en même temps que la forme; elle concourt par conséquent à rendre l'aspect de celle-ci plus ou moins agréable. Elle peut, en outre, augmenter le relief de certains ornements, accentuer certains détails et ajouter à l'agrément de la symétrie. En vertu de ce principe qu'à égalité de dimensions une surface claire paraît toujours plus vaste qu'une surface foncée[1], elle permet de rendre plus sveltes ou d'épaissir à volonté les parties que l'on veut alléger ou alourdir. Deux anses laissées en blanc chargent bien autrement un vase que ces mêmes anses peintes en rouge brun ou en bleu foncé. Que deviennent ces multiples combinaisons d'une importance capitale pour le décorateur, si la coloration des divers membres d'un vase est subordonnée à la mise en valeur d'un simple fragment de la décoration?

Je demande pardon au lecteur d'insister ainsi sur une observation toute de bon sens; mais elle est d'une importance capitale. Cette erreur de vouloir soumettre la décoration des objets mobiliers aux exigences de la peinture à l'huile, a produit de détestables résultats non seulement en céramique, mais encore dans d'autres arts, et notamment en tapisserie[2]. Et nous devons, dans le cas présent, la combattre avec d'autant plus d'énergie, qu'acceptée sans réflexion par un nombreux public et adoptée par quelques

1. Voir notre volume sur la *Décoration*.
2. Voir notre volume sur la *Tapisserie*.

artistes éminents, elle a fini par influer sur la forme elle-même. Cela est si vrai que dans la conception d'œuvres de grande importance, on a vu souvent le dessinateur reléguer cette dernière au second plan. A ses yeux elle n'était plus que l'excipient chargé de présenter, de mettre en lumière, de faire valoir le décor.

Or, cette fâcheuse erreur est, dans l'art qui nous occupe, d'autant plus fertile en mécomptes que la céramique décorative n'ayant d'autre but que d'offrir aux yeux un spectacle agréable, la forme constitue sa qualité essentielle. Cette forme bien étudiée, bien construite, bien comprise, peut atteindre à la perfection. Dès lors, pourquoi la subordonner à un genre de décor qui ne produira jamais qu'un effet incomplet ou médiocre ?

Il serait injuste de ne pas reconnaître qu'en ces années dernières on s'est efforcé de réagir contre la tendance que nous signalons. Non seulement les peintures en clair-obscur se font de plus en plus rares sur la panse des vases de porcelaine, mais la faïence elle-même paraît renoncer aux personnages amplement modelés et aux portraits vus de face. La barbotine enfin semble prête à nous dire un définitif adieu. Mais ce renoncement qui constitue une révolution véritable est loin encore d'être universel. J'ajouterai même qu'il est appelé dans la pratique à se heurter à des obstacles assez nombreux.

Et, en effet, nous sommes trop éloignés, par suite de notre éducation artistique et de nos habitudes de vision, de cette possibilité de simplification qui a permis aux Grecs de réaliser par une synthèse géniale tant d'œuvres merveilleuses. Nous ne différons pas moins, et pour les mêmes causes, des Orientaux, qui, fidèles interprètes de leur imagination fantaisiste, savent garder dans leurs représentations de la Nature une extrême liberté, et traduire leurs impressions sans aucune intention de réalité ou d'exactitude.

Une des plus lourdes fautes que nos céramistes pourraient commettre, ce serait de vouloir, sur la panse de nos vases, représenter des personnages comme les Grecs ou les Chinois ont su le faire. Nous voilà donc du coup privés d'une partie de nos éléments de décoration et réduits aux productions de la faune et de la flore. Là toute liberté nous est acquise. Un aimable mélange de fiction et de réalité n'a rien qui nous choque lorsqu'il s'agit uniquement d'oiseaux, d'insectes ou de fleurs. Non seulement nous pouvons, sans contrister notre esprit, sans blesser nos regards, leur prêter une ressemblance purement intentionnelle, mais toutes les simplifications nous sont permises. Or la simplicité convient admirablement au décor céramique, surtout quand le dessin relevé de couleurs vives parle directement à l'œil en des traits fermement écrits.

Notre décor, quoique réduit en ses moyens d'expression, pourra donc donner encore d'excellents résultats et même approcher de la perfection par l'harmonie de l'ensemble, par la grâce, l'élégance et la pureté des contours, par la beauté, l'éclat et la transparence des couleurs, par la convenance de leur assortiment. Et ces deux dernières conditions, si essentielles, nous seront faciles à réaliser, parce que ce nouveau mode de décoration nous permettra l'emploi des teintes plates, dont on peut tirer en céramique un excellent parti.

Les teintes plates, en effet, n'étant ni nuancées par le modelé, ni fondues les unes dans les autres, peuvent revêtir un éclat d'autant plus vif et une franchise de tons d'autant plus grande, que l'artiste n'a pas à tenir compte, dans leur coloration, des reflets ou des rayons colorés provenant des fleurs, insectes, oiseaux, ou autres objets qu'il a placés dans leur voisinage. Elles conviennent donc merveilleusement à la peinture céramique, et permettent aux artistes d'utiliser, dans l'exécution de leur décoration, le magique éclat de leur incomparable palette.

Est-ce à dire que la représentation de personnages hu-

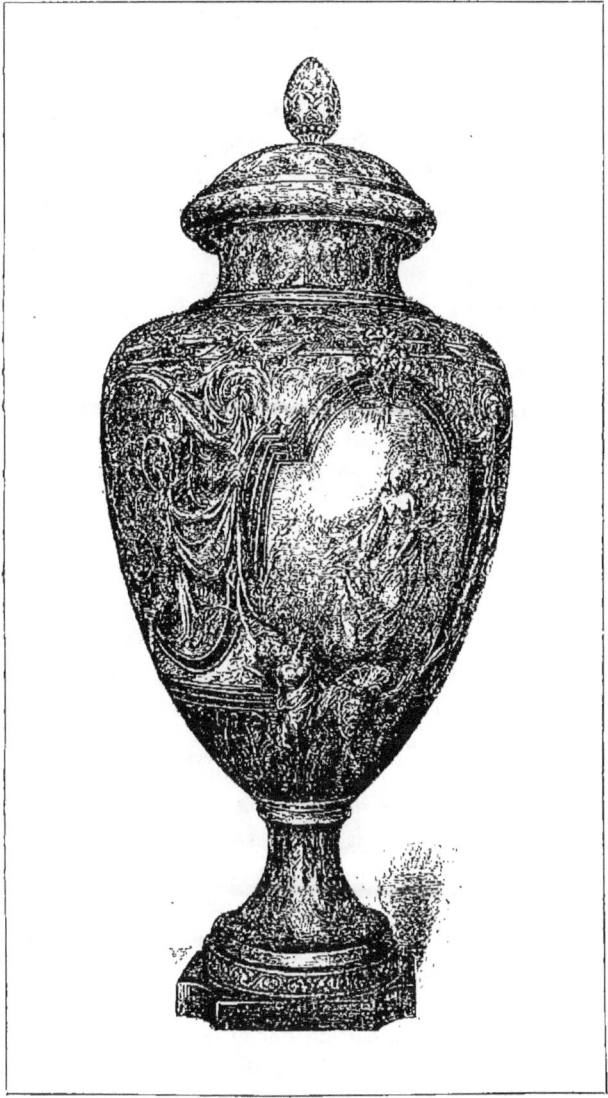

Fig. 68. — Vase de Sèvres à sujets, décoré en médaillons et cartouches.

mains ou d'animaux doive être à jamais bannie de la décoration des vases? Ce serait aller trop loin. Des artistes de grand talent ont su trouver un compromis qui nous donne presque satisfaction. Ils ont disposé, soit en manière de frise, soit *jetées* et « sans ordre », comme on dit dans le langage du blason, des figures gracieuses, exécutées en camaïeu ou en pâte sur pâte, dont la présence, bien loin d'avoir rien de choquant, ajoute, au contraire, au charme de la forme. Il ne saurait être interdit, non plus, de décorer une coupe ou un vase de petits paysages, de petites scènes représentés en clair-obscur, comme on a fait en Saxe et à Sèvres au siècle dernier; mais il faut avoir soin de ne leur donner qu'une importance accessoire, et surtout de leur conserver un aspect suffisamment conventionnel, en les inscrivant dans un cartouche ou en les encadrant dans un médaillon.

Jusqu'à présent, nous n'avons étudié la décoration des vases que dans ses rapports avec la logique ou avec la beauté plastique. Il nous faut maintenant l'envisager à un autre point de vue : celui des modifications apparentes que l'ornementation peut faire subir aux formes et aux proportions de la pièce décorée.

La décoration d'un vase, nous l'avons constaté plus haut, n'a pas seulement un effet purement local. Elle exerce aussi une certaine influence sur l'impression qu'offre l'ensemble. La forme et le décor se percevant en même temps et d'une façon instantanée, il se produit, si l'on peut dire ainsi, une sorte de pénétration, une espèce d'amalgame de l'un et de l'autre; et il est tout naturel que dans cette impression intégrale, à la fois unique et complexe, la qualité de la forme influe sur la valeur du décor, alors que la dimension, la qualité, la disposition de celui-ci, réagissent à leur tour sur la perception de la forme. Par là l'ornementation des vases reste soumise à tous les principes qui, dans la distribution des ornements, régissent la division de l'espace.

Pour rendre cette démonstration plus saisissante, prenons deux vases de figure très simple, de dimensions égales, de galbe identique, en un mot de forme pareille. Décorons ces deux vases de guirlandes, de méandres, de rinceaux; mais pour le premier (fig. 69) disposons ces or-

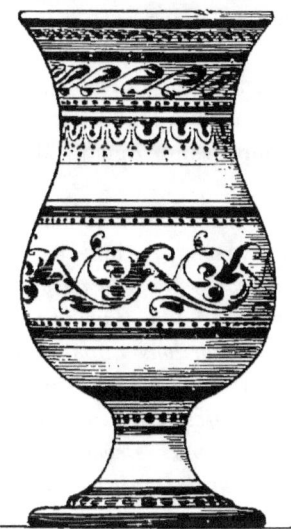 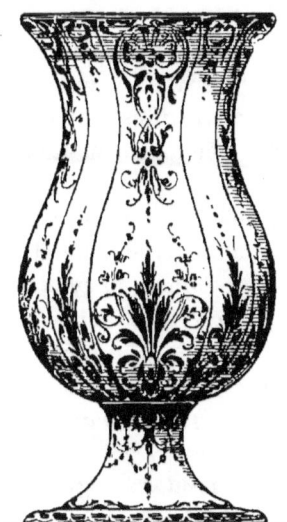

Fig. 69.   Fig. 70.

nements d'une façon horizontale, et pour l'autre (fig. 70) plaçons-les, au contraire, verticalement. Immédiatement l'impression qui, avant toute adjonction de décor, était une pour ces deux vases, se modifie d'une façon sensible. Celui que nous avons décoré horizontalement semble être devenu plus trapu; l'autre, au contraire, dont l'ornementation est verticalement disposée, paraît légèrement plus haut, plus élancé, plus svelte.

Prenons un autre exemple non moins simple et non

moins convaincant. Il s'agit de décorer d'une rose l'intérieur d'une assiette. Eh bien ! suivant que nous dessinerons cette rose plus ou moins grande, le diamètre de notre assiette semblera plus ou moins large. A mesure que la rose grossira, l'assiette paraîtra plus petite (fig. 71 et 72). Que conclure de cette double constatation ? Elle prouve que dans la décoration des vases comme, du reste, dans toute autre espèce de décoration, en vertu de ce principe de la *vue distincte,* qui fait que toutes les parties d'un ensemble étant destinées à s'offrir dans le même instant aux regards, s'y présentent sans confusion, l'ornementation que l'œil est obligé de lire en même temps que la forme influe d'une façon sensible sur l'impression que produit celle-ci.

Dans le premier cas, l'impression de différence dans l'élévation apparente de nos deux vases provient de ce principe que « *la prédominance accordée, dans la décoration, à certaines lignes, donne naissance à une illusion très caractéristique, et peut modifier les proportions apparentes d'un objet ou d'une surface.* » Et notre exemple démontre que « *la prédominance des lignes verticales a pour effet de faire paraître un objet ou une surface plus élevés, alors que la prédominance des lignes horizontales fait paraître, au contraire, cette surface plus écrasée ou cet objet plus trapu.* »

Dans le second cas, la différence apparente de diamètre entre nos deux assiettes résulte de la dimension de nos roses conçues et dessinées à une échelle inégale, et démontre que « *par la différence d'échelle on peut produire certaines illusions et modifier les dimensions apparentes d'une surface ou d'un objet.* »

Nous n'aurons garde de développer ces deux propositions. Elles l'ont été longuement autre part [1]. Il en est de

---

1. Voir notre volume sur la *Décoration*, prop. LVI et LVII.

FABRICATION 127

même de ces conditions de *repos* qui doivent exister entre les parties décorées, pour laisser à chacune de celles-ci son importance entière et éviter toute confusion [1]. De même encore pour la *symétrie,* qui, facilitant la *vue distincte,* en coupant, suivant l'expression de Montesquieu, « l'ouvrage par la moitié », nous permet de saisir d'un coup d'œil l'ensemble d'une décoration.

Nous nous bornerons simplement à rappeler que dans l'ornementation des vases « *les règles prescrites par la symétrie s'imposent uniquement dans le sens de la largeur* »,

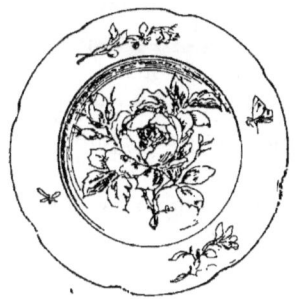 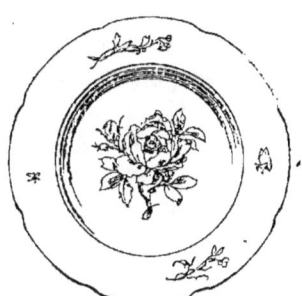

Fig. 71.   Fig. 72.

et que « *la symétrie existe non seulement quand il y a parité, mais encore quand les masses s'équilibrent, et même lorsque l'analogie est suffisante* [2] ».

Pour la céramique, on peut encore aller plus loin et reconnaître que, dans cet art plus qu'en tout autre, il y a place pour l'imprévu et pour ce qu'on pourrait appeler les « grâces accidentelles ». La symétrie, toujours un peu froide par elle-même, gagne à être variée par l'*alternance.* La décoration d'un plat ou d'un vase consiste-t-elle en un certain nombre de cartouches, il suffit que ces cartouches soient de même forme et de dimension égale. Les su-

1. *Décoration,* prop. XCV.
2. *Ibid.*, prop. XLII à XLIV.

jets qu'ils encadrent doivent, au contraire, être variés. De cette façon la répétition des parties similaires est rendue plus agréable par la présence des parties dissemblables ; et le grand principe du Beau dans la décoration — l'introduction de la Variété dans l'Unité — se trouve sauvegardé.

Parfois même la symétrie de la forme dispense de la symétrie du décor. M. Bracquemond l'a démontré dans ce très curieux et très ingénieux service qu'il composa jadis pour M. Rousseau. Un poisson, un crustacé, une poule, un dindon, un canard, jetés au hasard sur une assiette, forment la masse principale, qui se trouve balancée par d'autres figures plus petites, insectes ou fleurons. Et l'apparence symétrique de ce désordre voulu suffit à contenter le regard, et à établir dans la composition un équilibre qui satisfait à la fois l'esprit et les yeux.

La variété du décor peut encore être obtenue non seulement par l'alternance des formes, mais par celle des couleurs. Nulle part ces dernières ne jouent un rôle plus important que dans la céramique, et nulle part les lois qui régissent leur *contraste simultané* ne trouvent une application plus brillante. Le grand talent du peintre céramiste n'est pas, en effet, de chercher des harmonies dans l'emploi des couleurs déteintes ou volontairement pâlies, mais, au contraire, de rester harmonieux en faisant usage de tons fiers et de nuances éclatantes.

Ainsi que le remarque fort bien Chevreul dans son admirable livre, « l'œil a un plaisir incontestable à voir des couleurs, abstraction faite de tout dessin », et ce plaisir est sensiblement plus vif lorsque le coloris est *chargé* que lorsqu'il est d'une vérité absolue. Ce goût de l'œil pour l'exagération de la « cause excitante » est analogue au penchant qui nous porte vers les aliments et les boissons d'une saveur particulièrement prononcée. C'est ce qui explique comment « beaucoup de personnes qui éprouvent du plaisir à voir les modifications de la lumière colorée, *chargée,* qu'un tableau leur présente, n'éprouveraient pas le même plaisir de la vue du modèle, parce que les modifications correspondantes à celles qui sont imitées en charge ne sont pas assez prononcées dans la nature pour être sensibles[1]. »

Ce qui est vrai pour la peinture l'est *a fortiori* pour la céramique, à ce point que les malfaçons, les imperfections, les défauts eux-mêmes, s'ils offrent un charme pour les yeux, peuvent se transformer en qualités particulières; si bien qu'on dépense par la suite beaucoup de patience, d'ingéniosité, de temps et d'argent, à reproduire ce qui, dans le principe, était considéré comme un vice rédhibitoire. Tels sont les *craquelés* et les *flambés,* aujourd'hui si fort appréciés des amateurs.

Nous avons expliqué dans la première partie de ce volume que lorsque la glaçure et la pâte d'une pièce céramique ne sont pas dilatables et contractiles au même degré, la couverte se fendille et se couvre de *tressaillures.* Ce sont ces tressaillures qui produisent le *craquelé* et qui, de simple accident de cuisson, ont été promues au grade de qualité séduisante, si bien qu'on s'est appliqué à varier la maille de ces craquelures, à en produire à volonté de grandes, de moyennes, de fines, et que les plus petites ont même reçu un nom spécial, celui de *truité,* à cause de la vague ressemblance qu'elles offrent avec les écailles de la truite.

Pour les *flambés* ou *flammés,* il en a été de même. Si la haute température qui est nécessaire pour transformer l'oxyde de cuivre en ce rouge profond que l'on nomme *rouge-haricot* ou *foie de mulet,* est brusquement interrompue par un courant d'air, l'oxyde se décolore par places. Il présente des coulées qui, passant du rouge au violet et du violet au bleu turquoise, diaprent les surfaces du vase. Eh bien! cet insuccès s'est transformé, lui aussi, en décor

---

1. Chevreul, *De la loi du contraste simultané des couleurs,* 174 et 311.

recherché. La mode s'est mise de la partie. Des céramistes d'une rare valeur ont dépensé en un nombre incalculable d'essais, des prodiges d'observation et de savoir, pour obtenir scientifiquement ce défaut curieux qui, dans le principe, eût fait rejeter la pièce.

On voit, après cela, de quelle importance est la décoration en céramique et combien son rôle est considérable. On voit aussi combien l'ornementation des vases est chose délicate et compliquée. Comme dans les autres *Arts de l'ameublement* elle est soumise à des lois fondamentales; elle obéit à des règles précises dictées par le bon sens, consacrées par l'expérience, approuvées par le goût. Mais l'application de ces lois et de ces règles peut varier à l'infini, car plus qu'aucune autre, ne craignons pas de le redire, la céramique demeure, par suite de sa fragilité, assujettie aux variations de la mode et aux caprices de la fantaisie.

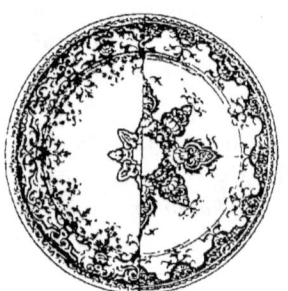

Fig. 73.

X

LA CÉRAMIQUE DE SERVICE

Après nous être longuement étendu sur les règles qui gouvernent la conception des vases et des autres pièces de pure décoration, il nous faut dire quelques mots des objets d'un usage courant, de ces mille et un ustensiles qui couvrent nos tables, meublent nos toilettes, parent nos buffets et constituent ce qu'on appelle d'une façon générale « la céramique de service ».

Rien, au point de vue de l'enseignement de l'art, n'est plus important que la correction de la forme et la pureté de la décoration de ce genre de poteries, non seulement parce qu'il est foncièrement pénible d'avoir tous les jours et à toute heure entre les mains et sous les yeux, des objets mal conçus, disgracieux ou dont l'exécution est défectueuse, mais encore parce que ces objets jouent dans notre existence sociale un rôle essentiellement initiateur. La céramique, en effet, pénètre partout. Il n'est intérieur si pauvre, foyer si dénué de confort, où elle ne trouve sa place. Dès lors c'est à elle qu'il appartient de commencer à former l'œil et le goût du grand, du très grand public, car la contemplation journalière d'une assiette bien décorée, d'une soupière élégante, fait naître le besoin d'avoir sur la même table un verre gracieux, une fourchette et un couteau bien proportionnés. Puis, une fois que la nécessité de cette harmonie est implantée dans l'esprit, le reste suit sans peine. On exigera que la table portant le couvert soit bien équilibrée, que la chaise soit commode et d'un bon dessin, que le buffet présente des proportions heureuses. Ce sont ces infiniment petits qui forment le sens artistique d'un peuple ; et quand on songe que la supériorité d'une nation dans le domaine des Beaux-Arts dépend le plus souvent d'un certain sentiment des proportions, d'une acuité particulière de jugement, on reconnaît bien vite de quelle conséquence sont ces mille détails insignifiants en apparence.

Mais si rien n'est plus important que de donner à la céramique d'usage cette correction de formes, rien, par contre, n'est plus difficile. Autant l'artiste reste indépendant et libre, quand il s'agit de créer des œuvres de pure décoration, autant il se trouve lié par des besoins spéciaux, enchaîné par l'habitude et les traditions, asservi par les convenances, dès qu'il s'attaque à des ustensiles de service journalier. Ici les formes ne sont plus, ne peuvent plus être le produit d'une ingéniosité féconde, simplement guidée par des règles générales ou de calculs heureux, secondés par une aimable fantaisie. L'adaptation de chacune d'elles est le plus souvent la résultante d'une longue suite d'expériences réalisées par un certain nombre de générations successives, et l'on pourrait citer tel galbe qui n'a été adopté d'une façon définitive, qu'après un demi-siècle d'essais et de tâtonnements.

Pour ne citer que quelques exemples, constatons qu'il a fallu près de cinquante ans pour qu'on se convainquît que le café, demandant à être pris brûlant, devait être servi dans une tasse haute et relativement étroite, et pour reconnaître que le thé développe davantage son arome dans une tasse évasée. Voilà donc un double principe aujourd'hui universellement admis et qui régit les proportions et le galbe de deux vases d'un usage général. Si de la tasse à thé et de la tasse à café nous passons à la cafetière et à la théière, nous trouverons des différences identiques. La première reçoit la boisson passée, c'est-à-dire faite, prête à être servie; la seconde, au contraire, la laisse infuser. Par conséquent, ces deux récipients doivent forcément revêtir une forme essentiellement différente et combinée chacune d'après le genre d'utilité auquel il lui faut se plier.

FABRICATION 133

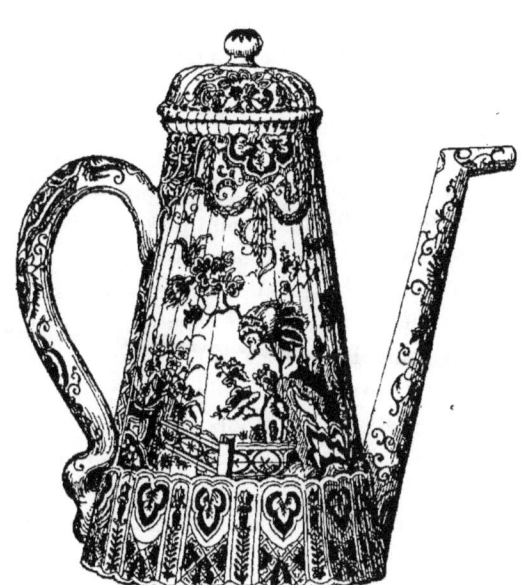

Fig. 74. — Cafetière en faïence polychrome. (DELFT.)

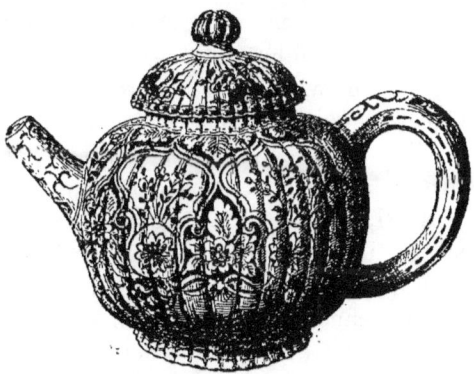

Fig. 75. — Théière en faïence polychrome. (DELFT.)

Bien mieux, un détail de confort, en apparence étranger, en tout cas très lointain, décide de la forme d'un vase. Tant que les appartements ont été mal clos et mal chauffés, on a été obligé de servir la soupe dans des écuelles profondes, de peur qu'elle ne se refroidît trop vite. Dès que l'on a pu prendre ses repas dans des pièces garanties du froid, on a remplacé l'écuelle par l'assiette creuse, qui, au contraire, facilite le refroidissement du potage.

Ce que nous disons des vases destinés à servir ou à boire le thé ou le café, des écuelles et des assiettes à potage, s'applique avec autant de raison à tous les autres ustensiles d'usage courant. Les brocs à boire ne peuvent être semblables dans les provinces à cidre et dans les régions à vin, et quant aux pots à l'eau et aux cuvettes, leurs formes et leurs dimensions sont réglées par des habitudes de propreté, variables d'une génération à l'autre, de pays à pays, et dont il est impossible au céramiste de ne pas tenir compte.

Enfin, dans leur course à travers les siècles, chacun de ces ustensiles s'est accommodé non seulement à la satisfaction de besoins précis, mais encore s'est plié aux goûts particuliers, s'est conformé aux traditions, au sentiment, au caractère de ceux qu'il prétendait servir. De là ces formes particulières qu'on rencontre couramment dans certaines provinces et qu'on ne retrouve nulle part ailleurs. C'est cette localisation extrêmement curieuse de divers types que Brongniart constate dans son *Traité des arts céramiques :* « Ainsi, en prenant pour exemples non les formes recherchées et exceptionnelles, mais les formes populaires, on remarquera que les tasses à thé, les tasses à café au lait que nous nommons *génieux,* les soupières, les pots à l'eau, les cruches, etc., sont, même actuellement dans ce siècle de transition et de versatilité, généralement différents en Angleterre, en Allemagne, en Italie, en Espagne, en France, et que, malgré notre manie d'imitation des Anglais, malgré l'empire si puissant que la mode exerce sur nous, malgré notre légèreté, et enfin, il faut le dire, malgré notre défaut de caractère en ce genre, ces imitations ne s'étendent pas aux formes populaires, qui y résistent par un repoussement irréfléchi et même trop souvent nuisible aux réelles améliorations. »

On voit tout de suite avec quelles difficultés d'un genre tout spécial un dessinateur se trouve aux prises, quand il s'agit de modifier, même pour l'améliorer, le galbe d'un de ces vases d'usage journalier; et c'est ce qui explique aussi comment nombre de tentatives excessivement ingénieuses ont avorté, comment tant de soupières, de tasses, de compotiers, de brocs qui semblaient, au premier abord, intéressants par leur forme innovée, surprenante, inattendue, ont si promptement disparu de la circulation, balayés par un brusque retour de modèles anciens, consacrés par un ou plusieurs siècles d'usage.

Est-ce à dire qu'on ne puisse en ce genre rien créer de nouveau? Ce serait aller trop loin. Ce serait méconnaître à la fois les progrès de l'esprit humain, l'habileté et l'ingéniosité de nos artistes, en même temps que les transformations incessantes qui se produisent dans nos besoins. Ceux-ci, en effet, se modifient d'une façon constante, et la grande habileté de l'artiste est d'être à l'affût de ces modifications, de les pressentir en quelque sorte, d'en saisir l'esprit et la portée, pour trouver à chacune d'elles, au moment où elle se produit, la formule qui doit la satisfaire.

On est convenu d'enseigner dans nos écoles d'art industriel et dans les livres, que l'étude et l'imitation de la Nature constituent le grand réservoir où l'esprit puise ses inspirations nouvelles. D'une façon générale, rien n'est plus juste. La Nature, éternellement jeune, est infiniment variée, et ses exemples sont la meilleure leçon qu'on puisse souhaiter. Mais quand, dans les arts de l'ameublement, on recommande de s'inspirer de la Nature, il faut l'entendre comme du travail des abeilles dont parle Montaigne, « qui pillottent les fleurs » et en font ensuite un miel « qui n'est ni thyn, ni marjolaine, mais qui est tout leur » ; c'est-à-dire qu'il faut se garder non seulement de toute copie servile, mais de toute imitation rigoureuse. « Si l'art n'était autre chose qu'une simple copie de la Nature, a écrit M. Charles Blanc, il serait le plus souvent une tentative inutile, un pléonasme. » C'est surtout dans l'art décoratif que cette vérité apparaît, et j'ajouterai : c'est surtout quand il s'agit d'établir une chose aussi compliquée que la forme et la décoration d'un vase d'usage courant. Assurément si la Nature avait pris soin de créer des soupières, des aiguières, des flacons et des tasses, nous n'aurions vraisemblablement rien de mieux à faire que de nous en tenir aux modèles qu'elle se serait chargée elle-même de placer sous nos yeux. Mais la Nature n'a jamais eu cette prévenance, et quand nous voulons lui emprunter de force ce qu'elle s'est bien gardée de nous livrer, nous en sommes réduits à chercher parmi ses productions une plante, une feuille, un coquillage qui se rapprochent plus ou moins exactement de la forme commandée par l'emploi, adoptée par l'usage, et de les plier à des exigences que la Nature n'avait eu garde de prévoir.

Ces compromis, pour ne pas devenir choquants, demandent à être conçus et exécutés avec une adresse singulière. Au siècle dernier, à Bruxelles, des céramistes ingénieux transformèrent les choux en soupière, les poules et les canards en plats à ragoût, et l'amusante silhouette de ces faïences fortement colorées égaya les tables de nos ancêtres (voir fig. 76). De nos jours on a fait des raviers ayant l'apparence de feuilles, des tirelires en forme de poires ou de pommes, etc. Mais qui ne sent combien le champ de ces adaptations est limité ?

Ce n'est point tout, en effet, que la forme d'une fleur,

FABRICATION 137

d'une plante, offre quelques analogies avec le galbe d'une tasse ou d'un sucrier ; il faut encore qu'il n'y ait pas incompatibilité entre la nature de cette plante, de cette fleur, et l'usage de ce vase ; et l'on doit bien reconnaître que c'est commettre une absurdité, que d'enfermer du sucre cassé dans la corolle d'un cactus ou d'une anémone, ou de faire jaillir le goulot d'une cafetière du corps d'un artichaut.

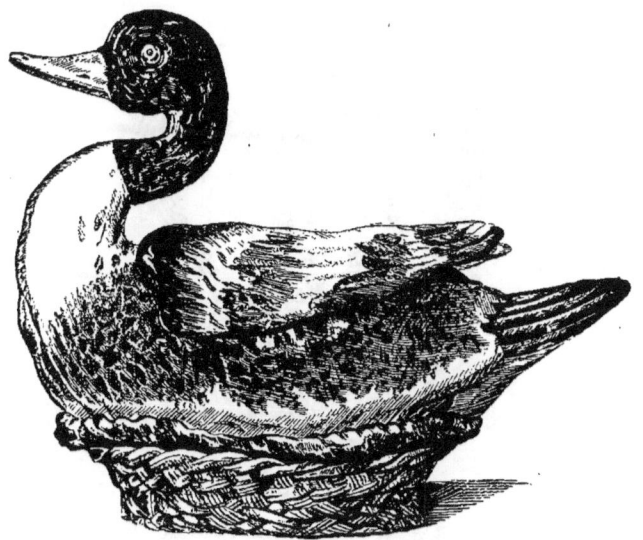

Fig. 76. — Plat couvert en forme de canard. (Faïence de Bruxelles.)

Ces déguisements, qu'on croit ingénieux, ne servent qu'à mieux faire sentir la pauvreté de notre imagination, et notre absence de pouvoir créateur est mise en évidence par l'oubli même de la logique. Au lieu d'asseoir d'abord en un dessin précis et bien équilibré la forme rationnelle, commandée par l'usage, de la parer ensuite aussi élégamment qu'il nous est possible, nous accommodons, au contraire, cette forme à la ressemblance d'un objet qui, le plus ordinairement, n'a aucun rapport, aucun point de contact soit avec la nature, soit avec la destination de notre vase. Si bien que son galbe, au lieu de découler d'obligations impérieuses, prend naissance dans un rapprochement souvent inattendu, dans une analogie contestable, dans une ressemblance vague et mal contrôlée.

Gardons-nous donc de méconnaître le rôle inspirateur de la Nature; essayons de nous assimiler ses fécondes

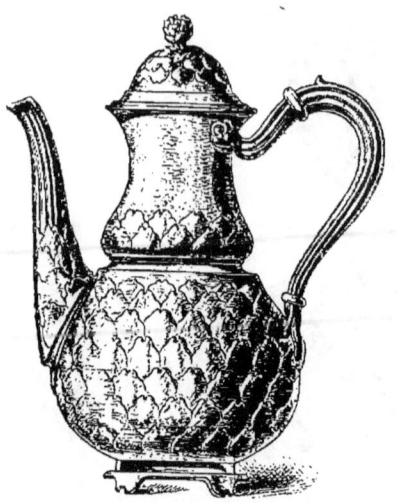

Fig. 57. — Cafetière en forme d'artichaut.

leçons, mais évitons de devenir copistes inintelligents. Décomposons les modèles qui s'offrent à nos yeux; tirons-en l'esprit; extrayons-en la substance; *stylisons*-les, pour employer un mot plus moderne; plions-les à nos besoins, mais gardons-nous de vouloir adapter nos besoins à leurs formes. Et pour que notre œuvre reste originale, tâchons qu'elle soit la traduction, non pas d'un calque trop strictement tracé, mais d'une impression ressentie.

En outre, n'oublions jamais que chaque forme, surtout quand elle est imposée par l'usage, a sa raison d'être en elle-même et ne demande pas à être expliquée. Ne tombons pas dans cette erreur qui fut si fatale aux artistes éminents auxquels nous devons ce qu'on est convenu d'appeler le style Louis XVI et le style Empire. Ne croyons pas que, pour paraître élégants, les pieds d'une table doivent être déguisés en torches ou en carquois, les lits en bateaux, les bras de fauteuil en col de cygne, et qu'une pendule, pour nous dire l'heure, a besoin d'être transformée en *sujet*.

Le devoir essentiel d'un sucrier, d'un saladier, d'une soupière, c'est d'être, avant tout, une soupière, un sucrier ou un saladier. C'est pourquoi, dans la céramique d'usage, la première de toutes les conditions à observer, c'est la commodité. Sans elle il n'est pas d'agrément, alors même qu'on essayerait de faire oublier l'incommodité ou le défaut de convenance par une exagération de parure.

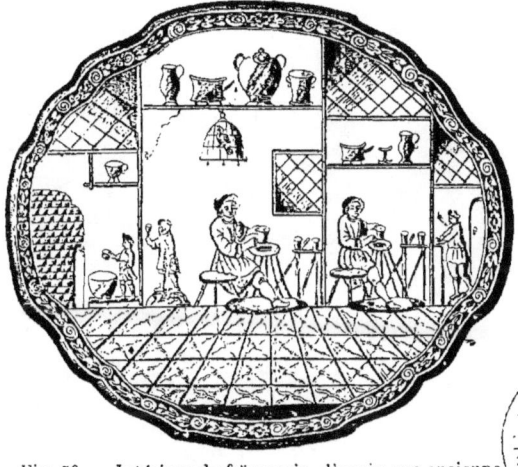

Fig. 78. — Intérieur de faïencerie, d'après une ancienne plaque de Delft.

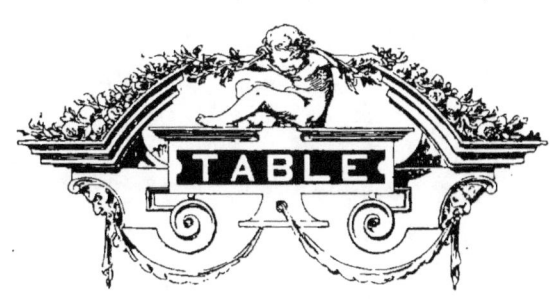

TABLE

I. — De l'ancienneté de la Céramique et des multiples emplois auxquels elle se prête........................	3
II. — Des matières premières qui entrent dans la composition des poteries, et de la façon dont on les prépare.....	11
III. — Des différents procédés usités pour fabriquer les poteries : le modelage ; l'ébauchage au tour, le tournassage, le moulage, le coulage.......................	20
IV. — Des glaçures et de la décoration....................	45
V. — Le four, l'encastage, la conduite du feu, la cuisson....	60
VI. — De la composition et de la décoration des pièces céramiques..	71
VII. — La Céramique architecturale......................	81
VIII.— De la forme des vases.............................	92
IX. — La décoration des vases...........................	113
X. — La Céramique de service..........................	131

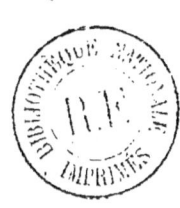

IMPRIMÉ
POUR M. CH. DELAGRAVE
PAR LA
SOCIÉTÉ ANONYME D'IMPRIMERIE DE VILLEFRANCHE-DE-ROUERGUE
JULES BARDOUX, DIRECTEUR

LA CÉRAMIQUE

(HISTOIRE

OUVRAGE PUBLIÉ SOUS LE HAUT PATRONAGE
DE L'ADMINISTRATION DES BEAUX-ARTS
ET HONORÉ DES SOUSCRIPTIONS
DU MINISTÈRE DE L'INSTRUCTION PUBLIQUE,
DE LA VILLE DE PARIS, DES CHAMBRES DE COMMERCE
DE PARIS, LYON, MARSEILLE, ETC.

LA CÉRAMIQUE

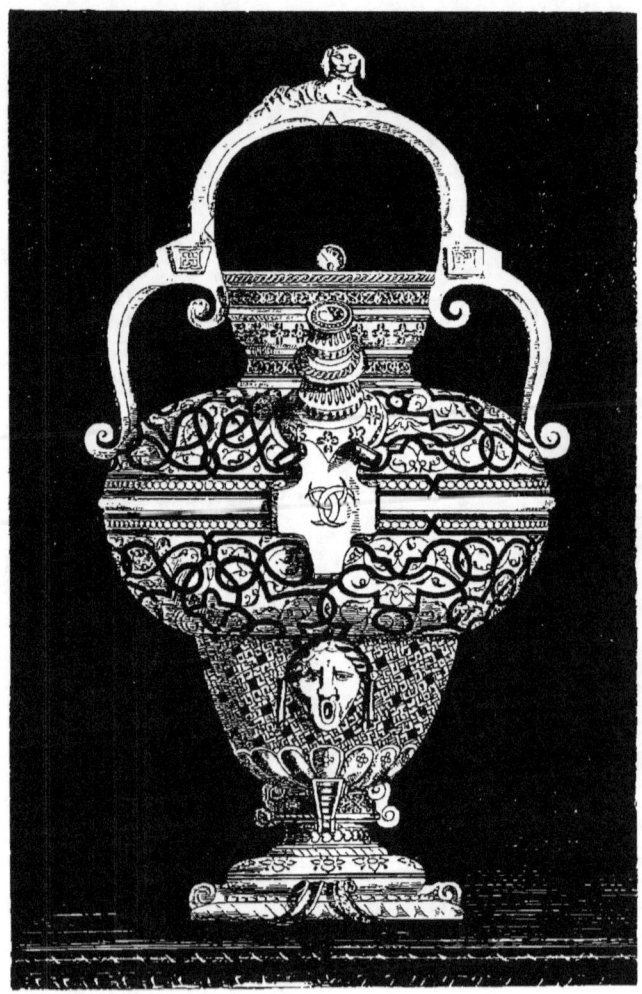

Fig. 1. — Broc en terre émaillée, dite faïence de Henri II.

www.ingramcontent.com/pod-product-compliance
Lightning Source LLC
Chambersburg PA
CBHW070238230526
45470CB00002B/450